東大メンタル

「ドラゴン桜」に学ぶ
やりたくないことでも
結果を出す技術

現役東大生
西岡壱誠

岡山大学准教授
中山芳一

日経BP

はじめに――マインドを変えれば、地頭力も上がる

みなさんは**「頭がいい人」と、そうでない人の決定的な違い**って、なんだと思いますか？

……論理的思考力？　読解力？　記憶力？　あるいは、本質をシンプルにつかむ力？

どれも正解っぽいですよね。事実、「頭がいい人」は、論理的思考力も読解力、記憶力も本質をつかむ力も、全部、持っています。

では、何が「決定的な違い」なのでしょうか？

それに対する僕の回答は……

メンタルの力、です。

「えっ？」「まさか、精神論かよっ！」――そんな反論が聞こえてきそうですが、

ちょっと待ってください。

先ほどの、**論理的思考力や読解力、記憶力などは全部、後天的に獲得可能**なものです。逆にいえば、生まれながらにこれらすべてを持っていた人なんてまずいないのです。頭がいい人はみんな、自分に欠けていたものを努力して手に入れています。生まれついての天才なんて、歴史にその名が残るくらいの天才だけで、現実にはほぼいないと僕は考えています。だからこそ**必要なのは、自分に欠けたピースを後天的に獲得するためのメンタル**です。

こんにちは。西岡壱誠と申します。

偏差値35から2浪して東大に合格した現役東大生です。今は会社も経営しています。「頭がいい人」というと東大生をイメージする人も多いと思います。けれど、偏差値35だった僕は当然ながら、僕の周りにいる東大生たちも、ごくごく一握りの例外を除けばみんな、生まれつき「頭のいい子」だったわけではありません。「頭をよくしたい」と思って、努力して、後天的に「頭をよくした」人たちです。

『ドラゴン桜』という漫画があります。偏差値の低い高校生たちが、元暴走族の弁護士・桜木建二の指導で東大合格を目指す、というストーリーです。この漫画が生まれたのは、作者の三田紀房先生と、東大卒の編集者・佐渡島庸平さんの出会いがきっかけで、東大生がリアルに実践してきた受験テクニックがたくさん盛り込まれています。

縁あって僕は東大入学後、佐渡島さんの役割を引き継ぐ形で『ドラゴン桜2』の編集を担当するようになりました。この漫画のドラマ化が決まった後は、脚本の監修もさせていただいています。佐渡島さんと違って偏差値35からスタートした僕は、「リアル・ドラゴン桜」なので、だからこそお役に立てると思って、頑張っています。

『ドラゴン桜2』のプロジェクトにおける僕の役割は、最近の東大生はどんな勉強法で東大受験を突破したかとか、彼ら彼女らの意識やライフスタイルがどういうものかといったことを調べ、お伝えするというものです。その過程で100人以上の東大生を綿密に取材し、彼らへのアンケートなども重ねてきました。僕みたいに偏差値30台からスタートした人、貧しい家から東大に進学した人、地方の県立高校出身の人もいれば、中高一貫の進学校出身の人ももちろんいます。

この経験から、東大生がどうして頭がいいのかが、わかってきました。

例えば、**東大生はみんな、能動的に読書します**。本に書いてあることを鵜呑みにしないで、「なんで、こんなことをいうのかな？」「本当かな？」と、著者と会話するように読み進めます。そういう習慣があると、頭がよくなるのです。

また、**東大生は文章を書くとき、読む人のことを考えます**。相手の立場に立って、独りよがりにならないように、あたかも読者と対話するように書きます。この書き方を繰り返すと、やはり頭がよくなります。

読書や作文にかぎらず、**東大生はみんな、思考の「型」を意識しています**。細かい知識を得ることにはこだわらず、あらゆる場面で通用する思考回路をつかもうと努力しています。これも、頭をよくするのに役立つ習慣です。

知識の詰め込みでは手に入らない、こういう種類の頭のよさを、一般には「**地頭がいい**」とか、「**地頭力**」と呼んだりします。

でも、ちょっと不思議だと思いませんか？

「能動的」である。

『「読む力」と「地頭力」がいっきに身につく 東大読書』
（東洋経済新報社）

僕（西岡壱誠）が、東大生に学んだ「地頭力を鍛える本の読み方」について書いた本で、能動的な読書術をお伝えしています。相手の立場に立って文章を書く『東大作文』、「型」を意識して物事を捉える『東大思考』のシリーズ３部作で、東大生の地頭力を分析してきました。本書では、これらのベースにある「メンタル」の力をお伝えします。

「相手の立場に立って、独りよがりにならない」
「型を意識する」……。
これって「頭脳」の問題でしょうか？
違いますよね。**どちらかというと、「心」や「メンタル」の問題**ですよね。
やっぱり「頭をよくする」には、「メンタル」を変える必要があるということです。
「頭がよくなるようなメンタル」というものがあるのです。では……
「頭がよくなるメンタル」って、どういうメンタルでしょう？
「頭がよくなるメンタル」をつくるには、具体的にどうすればいいのでしょう？
それをお伝えするのが、この本です。

この本でお伝えしたいことの多くは、すでに『ドラゴン桜』で、表現されています。
だから、『ドラゴン桜』のエピソードと僕自身の体験を振り返りながら、わかりやすく整理してお伝えしていきたいと思います。

ところで、東大生は、人生のどこで「頭がよくなるメンタル」を鍛えたのでしょう？

それは、東大を目指して受験勉強をしていたときだと、僕は思います。

東大に合格するのに一番必要な能力って、みなさんは、なんだと思いますか？

……という質問をすると、こう答えられる方が多いです。

「それは、学力でしょう」と。

論理的思考力、読解力、記憶力、集中力、情報処理能力……もろもろ合わせて「学力」が高いから、東大に合格しているのでしょ、と。確かに、東大入試は筆記試験の点数で合格・不合格が決まるのですから、学力は必須の条件です。逆に、学力以外に何が必要なのだ、という話だと思います。

しかし、僕の答えは、こうです。

「やりたくないことでも、結果を出す力」

子どものころから頭がいいといわれてきた人でも、東大に合格するのは楽ではありません。今の時代、勉強のツールは豊富にあるので、東大合格に必要な参考書だとか「これさえやればいい」というものの体系は、調べればわりとすぐにわかります。けれど、「これさえやればいい」というものを、実行するというのが、なかなか難しいのです。

ダイエットみたいなものですよね。ダイエットしたいなら、栄養バランスのいい食事をとって、間食せずに健康的な生活を送ればいいのです。やるべきことはわかっているのです。けれど、やれない。やりたくない。勉強も同じです。

好きなことに取り組むのであれば、継続しやすくて、誰でも結果を出しやすいと思います。けれど、やりたくないこととなったら、継続どころか、最初の一歩を踏み出すのも難しいですよね。

東大生はそこがちょっと違って、「やらなきゃいけない」と思ったら、やりたくないことでもあまり苦にせず、淡々と取り組んで結果を出していきます。

「努力の天才」とも呼べるし、**「やり抜く力」**があるともいえます。僕がこの本でご紹介する、**「頭がよくなるメンタル」の中身は、突き詰めれば「やりたくないことでも、結果を出す力」**です。

僕はもともと、「やり抜く力」がなかった人間です。

何に対してもモチベーションが湧かず、小学校、中学校は学年ビリの成績でした。高校は歴代東大合格者ゼロの無名校で、僕の偏差値は35。

勉強をしなければならないことはわかっていました。勉強していい大学に入ったほうが幸せなのかもしれないし、勉強しておいたら将来いい職業についたりすることもできるのかもしれない。そうなのだろうな、ということは、なんとなく漠然と思ってはいました。でも、やりたくない。それよりゲームしたり、漫画を読んだりしていたい。だから、勉強しない。そんな日々が続いた結果が、「偏差値35」だったわけです。

そこから僕は、ふとしたきっかけで東大を目指すことになり、受験勉強を通していろんなことを学びました。

知識だけではありません。勇気を持って高い目標を掲げること。自分を客観的に見つめ、今、置かれている状況を俯瞰すること。努力を継続するためのモチベーションのコントロール。戦略を組み立て、実行に移すこと。

今、教育学の世界では、そういう**メンタルの力のことを「非認知能力」と呼んでいる**

そうです。**学力やIQなど数値的に測れる能力が「認知能力」と呼ばれる**ので、それらとは違う「非認知能力」というわけです。

僕がこの本でご紹介したい「頭をよくするためのメンタル」、そして「やりたくないことでも結果を出す能力」とは、「非認知能力」のことです。東大は一般に「認知能力の最高峰」と思われているかもしれませんが、実は、非常に高い非認知能力が求められる大学でもあります。

……と、僕がいってしまうと傲慢に聞こえるかもしれませんね。

でも、これは僕の意見ではないのです。教育方法学の専門家で非認知能力を研究されている岡山大学の中山芳一准教授がおっしゃっていた意見です。

たまたま縁あって中山先生と出会い、友人の東大生などを紹介するなかで、中山先生に指摘されたのです。

「**東大生って、受験勉強を通じて『生きる力』を身につけている**のだね。そういう力のことを非認知能力と呼ぶのだよ」と。

「これは、社会に出てからも必ず活かせる能力だよね」

『学力テストで測れない非認知能力が子どもを伸ばす』
（東京書籍）

中山芳一先生が、子どもの「非認知能力」について書いた本です。「『テストの点数がいい人』のことを『頭のいい人』と呼ぶのは、間違ってないか？」という疑問から始まった非認知能力の研究の成果を、わかりやすくまとめて反響を呼びました。本書では逆に、「テストの点数で戦ってきた東大生」の非認知能力を分析していただきます。

「受験の本質について、あらためて考えてみたいなあ」

そんな会話から、この本は生まれました。

ではここからは、中山先生にバトンタッチ！　非認知能力と「頭のよさ」の関係について理論的に説明してもらいます。

【中山芳一から】

西岡くんからパスをいただきました、岡山大学准教授の中山芳一と申します。少し自己紹介もかねてお話しさせていただきます。

私は第2次ベビーブーム世代です。1年間の出生数が今の2倍以上の200万人くらいあって、たくさんの子ども（同級生）たちがせめぎ合い、「いい高校」「いい大学」「いい会社」を目指していました。

学力偏重の流れがどっと押し寄せてきた時期でもありました。「勉強できるヤツが頭のいいヤツ」で、そんな人たちが目指すのが日本最高峰の東大でした（この認識は、今もそれほど変わらないかもしれませんね）。

そんな時代に育った、私たちの世代の東大生に対するイメージといえば……。東大合格を果たすためには、仲間とつるんで遊ぶなんてもってのほか。ふざけた連中とは縁を切り、一人黙々としこたまガリ勉。そして、なぜかこの手の受験生にはパンチの利いた母親（いわゆる教育ママ）がいて、逆三角形の吊り上がったレンズのメガネをかけて、語尾は「ザマス」。そんな母親が、わが子を東大へ行かせるために、幼稚園のころから「英才教育」という名のスパルタ早期教育を仕込み、ガリ勉生活に至る……。

そんな具合で、**東大生や東大受験に対しては、マイナスイメージしかなかった**といっても過言ではないです。とりわけハタチ前後のころの私は、自称スポーツマン。ガリ勉の「東大生」なんて別世界の人で、「オタク・オブ・オタク」としか思えませんでした。

それから四半世紀もたとうとしたとき、偶然出会った素晴らしき東大生たちがいました。それが現役大学生でありながら、ベストセラー『東大読書』をはじめ著書多数、漫画『ドラゴン桜2』の編集担当でもあるという西岡くんと、彼の仲間のいろんな東大生たち。彼ら彼女らに「どうして東大を目指したのか？」「どんな受験勉強をしたのか？」といった質問をぶつけるうち、私のなかに大きな驚きが生まれてきました。

「私がイメージしていたようなガリ勉じゃない!!」

何より衝撃だったのは、「どれだけ親に勉強させせられたか？」という質問に対する答え。彼ら彼女らが、口をそろえて答えることには「自分は勉強をさせられたことなどない（＝自分の意思で勉強してきた）」だったのです。

私が専門にしている研究分野のなかに「**非認知能力**」というものがあります。一言でいうと、テストなどで客観的な点数にして測定できない内面的な力のことです。

非認知能力には、例えば、心を落ち着ける（**自制心**）、我慢する（**忍耐力**）、気持ちを切り替える（**回復力**）といった、心の安定に関わるものがあります。

また、やる気になる（**意欲・向上心**）、自分ならできると信じられる（**自信・自尊感情**）、楽しみながらできる（**楽観性**）といった、行動力に関わるものもあります。

さらに、思いやりがある（**共感性**）、意思疎通ができる（**コミュニケーション力**）、励まし合える（**チームワーク**）といった、人間関係に関わるものもあります。

こうした内面的な力の総称が非認知能力であり、近年、大きな注目を集めています。時代が大きく変化しようとする転換点にあって、今まで以上に心の力が問われるという意識が広がっているのかもしれません。

非認知能力の反対が、認知能力です。テストなどでばっちり数値化して測定できる力をこう呼びます。読み・書き・計算といった学力、ＩＱ（知能指数）といったものが代表的ですね。


非認知能力と認知能力は、どのような関係にあるのでしょうか？

世界各国でのこれまでの研究から、非認知能力には、認知能力を支える役割があることがわかっています。非認知能力が高ければ、認知能力も高くなっていけるという関係性です。つまり……

「**非認知能力が高ければ↓認知能力が高くなりやすい**」

これを、次のように言い換えてもいいでしょう。

「**メンタルの力が強ければ↓学力が上がりやすい**」

先ほど、西岡くんが主張された通りです。「頭がよくなるようなメンタル」があれば、「頭はよくなりやすい」というわけです。

しかし、その逆はどうかというと……

「認知能力が高ければ → 非認知能力が高くなる、わけではない」と、いわれています。つまり、**「学力が高いからといって、メンタルの力が強いとはかぎらない」**ということですね。

これこそ、まさに私がかつて東大生と東大受験に対して抱いていたイメージです。少々ヤンチャをしてきたとしても、いくつかの修羅場をくぐり、仲間を大事にしてきたヤツのほうが、世の中に出てから成功する……という考え方です。

メンタルの力を高めるのは、勉強よりはスポーツ……という考え方もありましたね。つまり、スポーツで結果を出したアスリートのほうがメンタルの力は高くて、仲間を大事にできる。一方で、学力が高いだけの東大生はメンタルの力が弱い。勉強漬けで認知能力だけを高めてみたところで、非認知能力は育たないのだから、最終的に社会に出て活躍するのは難しい。社会に出て活躍できるのは、非認知能力が高いアスリート、ということになります。

「だから東大なんて目指さなくてもいいんだ！」……と、以前の私なら声高に叫んでいたことでしょう。

　しかし、私と出会った東大生たちはこの考えを大きく変えてくれました。**東大に合格するような高い認知能力を持つ彼らは、高い非認知能力もまた備えていた**のです。

　一体なぜ？

　実は、その疑問に対する答えは、彼らが口をそろえた「勉強をやらされたことがない」という成長プロセスに隠されていると、私は確信しています。

　勉強というのは一般には「やりたくないこと」です。彼ら彼女らも、最初はだいたい嫌々ながら、何らかの事情があって勉強を始めていました。けれどどこかでスイッチが入って楽しくなり、どんどん主体性を高めていったのです。

「勉強をやらされたことがない」と東大生たちから聞いたとき、まさに「穴があったら入りたい」という気持ちにさせられたことは忘れられません。

　そして、「受験勉強って『スポーツ（Ｓｐｏｒｔｓ）』とそっくりじゃん！」と思ったのです。

　スポーツとは「ｐｏｒｔ（港）」という日常を「ｓｕｐｅｒ（超える）」ことであるともいわれます。日常ではない特別な非日常ということですね。最近ではテレビゲームが

「eスポーツ」と呼ばれていることからも、必ずしも体を動かす運動だけがスポーツではないことはおわかりでしょう。

ルールがあって、競い合う相手がいて、自分と相手の戦力などを分析し、勝つための戦略を立てて実行に移す……その構造において、受験勉強とスポーツは共通するのだと気づかされたのです。

西岡くんが持ってきた『ドラゴン桜2』第1巻の帯を見たとき、ハッとしました。

「**受験はスポ根です**」

帯にこんなキャッチコピーがあったのです。

「**東大受験は、勉強が好きな子の甲子園**」

そんなセリフもありましたね。

このように受験勉強をスポーツと捉えたとき、東大生たちは受験を通して、どのような心のスキルを磨いているのか。さまざまな「やりたくないこととの向き合い方」を学んでいることがわかりました。

また偏差値35だった西岡くんのように「ゴール（＝東大）への距離が遠いところから

スタートした学生」ほど、非認知能力を後天的に、努力して獲得していました。

「やりたくないことを楽しみながらやり抜く力」を身につける方法を学べれば、勉強だけでなく、仕事や家庭生活で毎日「やりたくないこと」と向き合っている大人にとっても、得るものが多いはずです。

そんな想いから、この本をつくることになりました。

さて、この本では「やりたくないことでも結果を出す技術」を**「4つの壁」の越え方**という形でお話しししています。

やりたくないことでも結果を出すためには、4つの壁を越えなければなりません。

1つ目は「目的」の壁。やりたくないことで結果を出すのは、まず「やろう」と思わないといけません。「やろう」と思うために目的を持つことが、最初に乗り越えるべき壁です。

2つ目は「やるべきことがわからない」の壁。「やろう」と思ったものの、何から手をつけていいのかわからない。そういう状態だと、やる気が空回りしてしまいますね。

3つ目は「モチベーション」の壁。やる気が続かないと、物事は継続しません。「やりたくない」ことを「やり始めた」だけでは不十分で「やり続ける」ことが壁になります。

4つ目は「戦略」の壁。モチベーションを持続させて、いいところまできても、あと一歩、もう一歩というところでうまくいかないという局面が、必ず出てきます。そこを乗り越える力が、戦略性です。

この4つの力について、【PART1】から【PART4】の4章に分けて、一つひとつ解説していきます。

『ドラゴン桜』では、どう乗り越えたのか。リアルな東大生たちはどんなふうに乗り越えてきたのか、そしてそのために、どんなトレーニングをしてきたのか。社会人になってから「東大力」を発揮してきた、経営者の方などへのインタビューも交えながら、明日から使える「壁の越え方」をご紹介します。

ステップ分けをしながら、細かいテクニックも多く盛り込んでいます。「なんだか大変そう……」と思うかもしれませんが、大丈夫です。最初は、『ドラゴン桜』の水野直美や矢島勇介、早瀬菜緒、天野晃一郎になったつもりで、東大受験を疑似体験する感覚で楽しんでください。やる気が湧いたら、西岡くんがご紹介するテクニックをみなさんのお仕事や勉強で試してみてください。『ドラゴン桜』のキャラクターと一緒に、4つの壁を一つひとつ乗り越えていきましょう！

それでは、東大メンタル、スタートです。

目次

PART 03

モチベーション

PART 04
戦略性

PART 01

主体性

「やりたくないこと」が やりたくなる 「東大式3ステップ」

『ドラゴン桜2』9巻・65限目「過保護でなぜ悪い」

1

MINDSET

西岡壱誠

僕らはなぜ「やりたくない」と思うのか？

「やりたくないことをやる」

この本のテーマはこの一言に尽きるわけですが、そもそも人間はなぜ、物事を「やりたくない」と思ってしまうのでしょうか？

多くの学生は、勉強を「やりたくないもの」だと思っているし、社会人の仕事や生活の中にも「やりたくない」ことはたくさんあると思います。例えば、飛び込み営業やテレアポ（電話営業）などは、就職活動中の学生からも「やりたくない」という声を聞きますし、実際に経験して「つらかった」とおっしゃる先輩もいます。ほかにも上司と一緒に飲みにいくのは嫌だとか、月末の経費精算が面倒だとか、奥さんにいわれてゴミ捨てをしているけれど、それも本当はやりたくないのだとか、あらためて考えてみると、僕らの生活は「やりたくないこと」にあふれています。

『ドラゴン桜』をはじめ、三田先生の作品には、メンタルを強くするのに役立つ名言やテクニックがたくさんあります。本編では紹介しきれなかったそれらを、本文の下段欄外で、西岡壱成が紹介していきます。

「やりたくない」と思うのは、「やったほうがいい」と思っていることの裏返しです。そもそもやらなくていいなら、「やりたくない」なんて思いませんよね。

飛び込み営業で注文を取ってきた実績があったり、上司と飲みに行って仲よくなれたりすれば、出世が早くなりそうな気がします。経費精算を〆切までにきちんとやれば、経理の人にはありがたいでしょうし、ひいては会社のためになります。ゴミ捨てだって、家庭円満のためにやったほうがいい。でも、やりたくない。

なぜ、僕たちは「やりたくない」と思ってしまうのか？　その答えは、「主体性」の中にあります。そもそも「主体性」とは何か。最初に教育方法学の観点から、中山先生に説明してもらいます。

2

MINDSET

中山先生

そもそも「主体性」って、なんでしょう？

「主体性」・「主体的」。

これらの言葉は、学校でも社会でも、よく聞かれる言葉になっています。

日本経済団体連合会（経団連）が行っているアンケート調査に「各企業が選考にあたって特に重視した点」という項目があります。ここで20年近く連続で首位をキープしているのが「コミュニケーション力」に次いで、10年連続第2位をキープしているのが「主体性」です。誰かにやらされるのではなく、自分の意思で「主体的」に行動するのは、社会人になってからも大切なことでありながら、なかなか身につけている人がいないのが現状だと思います。

ちょっとした流行り言葉のような「主体性」ですが、そもそも主体性ってどういうものなのでしょうか？

「人間はまるごとそっくり生まれ変わるんだ」

桜木建二が高校時代の水野直美に語りかけた言葉です。人間は日々新しく生まれ変わっている。胃の粘膜は約3日で入れ替わり、白血球は約5日、皮膚は約1カ月……。1年もすれば人間の細胞の約9割はまるっきり新しくなる。目標を持って本気で1年、取り組めば、自分は生まれ変わる。そう考えると、なんだかやる気が出てきませんか。

I'm unwilling to study everyday YO!
毎日勉強ヤになるぜYO!
BABY

ユーチューバーって……
こんなカンジかな

『ドラゴン桜2』
4巻・27限目
「新しい先生」

私は、「自分で目標を立てて、前向きに取り組むこと」だと思っています。「自分はこうしたいんだ」という目標を、どんな形でもいいから立てて、そのために前に進む。自分で決めたことだから逃げないし、もしもやりたくないことだったとしても、一定のところまでは頑張れる。そういう状態が、主体的な状態だといえます。

その視点でいえば『ドラゴン桜』という漫画は、生徒がどんどん「主体的」になっていく過程を描いているんですよね。

『ドラゴン桜』では、受験を経て高

校生が成長していきます。勉強が嫌いだった生徒が勉強を好きになり、自分の精神をコントロールできない生徒が自分を律することができるようになる。そういう成長の物語だといえると思います。

ではなぜそんな成長を得られたのかといえば、『ドラゴン桜』に登場する彼ら彼女らが自ら、「東大に行きたい」という大きな目標を胸に抱いて、頑張ったからではないでしょうか。

それも、はじめは突然、学校に乗り込んできた桜木建二というわけのわからない弁護士からいわれて渋々勉強を始めたのが、「やっぱり自分はどうしても東大に行きたい」と思うようになって、だからこそ努力を継続できた。自分が望む目標に向かってがむしゃらに走ったからこそ、彼ら彼女らは成長したのだといえます。

では、なぜ彼ら彼女らは主体的になれたのか？　現実の東大生たちは、どうやってその主体性を得ていたのか？　そして大人になった私たちが、今から学べたり、トレーニングできたりすることはあるのか。西岡くんに教えてもらいます。

3

MINDSET

西岡壱誠

やりたくないことがやれるようになる「主体性」の3ステップ

STEP 1

「とりあえずの目標」を設定して行動を起こす

突然ですが、人間が一番「つらい」と思う瞬間はいつか、みなさんはご存知でしょうか？　「精神的に一番追い詰められるタイミング」を知っていますか？

それは、「無意味なことをしているとき」です。

他のどの拷問よりも人間が一番つらいのは、「穴を掘れ」といわれて自分で掘った穴を「埋めろ」といわれて埋めて、また「穴を掘れ」といわれて、ということを繰り返すこと。「賽の河原」というあの世の苦行も同じで、「意味がない」と思うことを繰り返しやらされるときが一番、精神的に追い詰められてしまうタイミングなのです。これは、勉強や仕事をはじめ、いろんな「やりたくないこと」に共通していると思います。

例えばテレアポでは、10件アタックして10件とも断られる、なんてこともあると思います。そういうときって、アタックするために準備した時間とかも含めて、全部意味がない時間のように思えてしまいますよね。だからやりたくないという人が多いのだと思います。

勉強も同じです。「勉強したくない」という子供が多い1番の理由って、やっぱり「だって、やっても意味がないじゃん!」と考えてしまうからだと思うんです。

歴史の年号を覚えていても、大人になってから社会で役に立つことなんてそうそうないんじゃないか? と考えてしまうと、歴史の授業で眠くなってしまいますよね。

僕は昔、数学が大の苦手でした。それはなぜかというと、数学という科目にまったくやる意味を感じられなかったからです。「数学の公式を覚えたところで将来使わないかもしれないいんじゃないか?」と考えると、どうしても「やりたくない!」となってしまいます。

「やりたくない」を分解していくと、このように「目的」がないことが理由になっていることが非常に多いのです。

では、どうすればいいのでしょうか?

「東大受験の時給は9万円」

僕が「リアルドラゴン桜」というプロジェクトで、高校生によくする話が「東大受験の時給は9万円」。現役生の勉強時間を週40時間として、大学別の生涯賃金(AGF試算)から計算しました。思わず東大に行きたくなりませんか? 目標が見つからないときは、時給換算で魅力的な選択肢を探してみてもいいのではないでしょうか。

『ドラゴン桜2』1巻・3限目「グズでノロマ」

なぜとか
なんのためにとか
グダグダ
言ってんじゃない！
東大へ行くと決めて
すぐに勉強を
始めろ！
考えるな！
動けっ！
行動する
ヤツだけが
勝つ！

もう一度言う
大学は東大！
東大へ
行けっ！

その答えを、『ドラゴン桜2』のワンシーンに見ることができます。

東大を目指せ——桜木はずっと一貫して、生徒の気持ちとか意思とかそういうことにはまったくお構いなしで、なんでもいいから「東大に行け!」と連呼しています。「理由なんかいらない!」と言い切ります。

これは、なかなかすごいことですよね。こんな人が現実にいたら、はっきりいって「この人、何!?」と思います。

漫画のなかでも、桜木のセリフに、ほとんどの生徒はポカンとして、どこ吹く風で受け流します。けれど、そのなかから数人が「やってみようかな」と思って勉強を始めます。今まで勉強なんてまともにやっていなくて、「なんで勉強なんてしなけりゃならないんだ」と思っていた子たちが、「やろう!」という気になるわけです。

このプロセスにこそ、「やりたくないことをやる」ための本質が隠れています。

僕は『ドラゴン桜2』の編集担当なので、三田先生とよくお打ち合わせさせていただいています。その席で、このシーンについて尋ねたことがあります。なんで、桜木は「東大に行け」としかいわないで、「理由なんてない」なんて暴言を吐くのか、と。

それに対して三田先生は、「逆に西岡くん、東大に合格するために一番必要な資質ってなんだと思う?」といいました。

東大に受かるために一番必要な資質。普通なら、学力とか記憶力とか集中力とか、そういう認知能力を思い浮かべると思うのですが、三田先生の回答は違いました。

「それはね、『東大を受けよう』と思う心だよ。どんなに頭がよくても、『東大を受けよう』と思わなければ、東大生にはなれない。逆に自分でそうやって『東大に行こう』と思えれば、どんな弱さを持つ人でも、可能性はある。最初のその一歩を歩ませるのが、桜木の言葉なのだよ」と。

なるほど、です。

そもそも「やったほうがいいこと」をやりたくない僕らに、「やりたいこと」なんて、あるのでしょうか。

ないのです。高校時代の僕はそうでした。「勉強なんてやりたくない」というより「何もやりたくない」のです。

ゲームしたり漫画を読んだりしていれば楽しいけれど、じゃあゲームや漫画が「やりたいこと」ですか、というと、そこまで積極的に好きなわけでもありません。勉強といわれれば「そりゃやらなきゃならないよね」と思うけれど、でもやっぱり……そう思って高校3年生まで勉強はもちろん、何に対してもやる気を持てませんでした。

『ドラゴン桜』で、桜木に乗せられて東大を目指す高校生たちもそうですよね。勉強したくないというけれど、ほかにすごくやりたいことがあるわけでもないのです。やりたいことがないまま、やらなくてはならないことから逃げている。そんな彼ら彼女らの描写を見るたび、僕は「自分もそうだったなあ」なんて思ってしまいます。

そういうときは、とにかくなんでもいいから、「努力」に対して目標や目的、意義や意味を設定することが必要です。目指す理由なんてなんでもいいのです。モテたいからでも、ここから抜け出したいからでも、人を救いたいからでも、ニッチな研究がしたいからでも、なんでもいい。なんでもいいから、とりあえず大きな目標を立てる。

とりあえずの目標ならば、わかりやすいほうがいいですし、ちょっとワクワクできるものがいい。今の自分には超えられないけれど、超えられたらいいなと誰もが思うような、わかりやすくて大きな目標。その条件を満たす格好の目標が「東大合格」です。

「やりたくないこと」をやるのに一番、必要なのは「この努力は必要だ」と思えること。だから、桜木は、「東大へ行くのに理由なんていらない！」と、暴言まがいのセリ

フを叫ぶのです。

先ほどの三田先生の論を補強する、とあるアンケートの結果があります。『ドラゴン桜2』を編集するための取材として、東大生100人に「あなたは勉強が好きですか?」と聞いたのです。

その結果、8割以上が「好きだ」と答えました。

しかし、「受験を目指して本格的に勉強を始める前から好きでしたか?」と質問したところ、結果は大きく異なり、「好きだった」と答える人は全体の4割未満にまで減りました。つまり東大生も、最初から「勉強=楽しい」と考えていたわけではなく、最初の一歩を踏み出した先で、「勉強は楽しい」と思えるようになっているのです。

この話を踏まえて考えてみると、どんなことでも「やろう」と思って一歩踏み出すまでは、なかなか「楽しい」とは思えないもので、最初の一歩を踏み出すには、「目的」がないとダメですよね。

僕は偏差値35から東大に合格しましたが、僕ほどではなくても、「東大なんてムリ」

という成績から東大に合格した人は多くいますし、逆に東大を十分に狙える成績でも、東大を受験しない高校生も多くいます。

勉強して成績が高いから東大を目指すのではなく、東大を目指したから勉強に意味が生まれるというのも一面の真理で、東大生が東大生たる一番の理由は「東大を目指した」ことです。

仕事でもスポーツでも、同じようなところがあるのではないかと思います。人に話したら笑われるような目標でも、心のなかに何か目標があるからこそ、今、目の前にあるちょっと退屈かもしれない努力にも意味が見えてきて、それが主体性につながるのではないでしょうか。

もしも誰かに「主体性って何ですか?」と聞かれたら、僕はまず「自分の行動に目標を設定する能力」と答えます。

STEP 2

「とりあえずの目標」に「個人的な理由」をつけてスイッチを入れる

そしてもう一つ、重要なことがあります。それは、「目標の設定」に「自分の意思」

「やらないヤツがいかに多いかってことさ……」

『ドラゴン桜』の三田先生のもう一つの代表作『インベスターZ』で、堀江貴文さんが語る言葉です。高い目標を持つと必ず、それを揶揄したり、からかったりする人が出てきます。そういう人たちは戦わない人たちで、挑戦していません。けれど、人生で一番の失敗は、挑戦しないことです。挑戦する僕らは一歩前を進んでいるのです。

上の二人の息子さんと勇介《ゆうすけ》君…
将来 最も成功するのは誰だと思いますか？

『ドラゴン桜2』17巻・154限目「中高一貫校の罠」

を介在させることです。

『ドラゴン桜』では、桜木が、特別進学クラスの矢島勇介の両親にこんなことを聞く場面があります。

中高一貫の進学校に通った矢島のお兄さんたちと、偏差値では底辺の竜山高校から東大を目指す矢島。どちらのほうが社会に出てから成功するだろうか、と。

矢島のお母さんは、官僚として活躍する一番上のお兄さんが一番成功しているのではないかと答えますが、桜木は違うといいます。間違いなく弟の矢島のほうが社会で活躍し、成功するはずだというのです。

その理由は、矢島は自分のために勉強したから。お兄さんたちは、結局のところ、親を喜ばすために勉強していたのだと断言します。なぜなら、中学受験をするのは小学生。このくらいの年齢の子供が勉強するのは、なんだかんだいっても、親の喜ぶ顔が見たいからで、中高一貫校出身者は、その延長で勉強しているケースが多いのだと。

実際、桜木が指摘する通り、中高一貫の進学校にトップ合格した生徒が中高の6年間でガタガタと成績を落とし、大学受験に失敗するケースは結構あって、みなさんも耳にしたことがあったりはしないでしょうか。

ここで桜木が語っているのは、「外発的動機」と「内発的動機」の違いです。

自分の外側からアメやムチを与えられて何かに取り組むことを「外発的動機」といいます。それに対して、自分の内側から「やりたい」という思いがこみ上げて取り組むことを「内発的動機」といいます。勉強に対して、矢島のお兄さんは前者が強く、矢島は後者に近いということです。

多くの人が「やりたくない」と考えるものを分解してみると、それは他の人からの押し付けによって生まれるものである場合が多いです。

勉強は、保護者や先生に「勉強しろ」といわれてやる場合が多いですし、仕事での「やりたくないこと」の大半は「こうしてください」「ああしてください」というのが上

から下へと押し付けられる形で降ってくるから、納得できないということでしょう。そういう「外発的動機」だから、「そんなことはやりたくない」と思ってしまうわけです。

だからこそ、必要なのは「自分の意思＝内発的動機」です。自分が心から「やりたい」「こうしたい」と思えるものがないと、やりたくないことはいつまでたってもやりたくないことなのです。

それがどんな些細なことでもいいのです。不純な動機でも全然いいと思います。東大に入ったらモテそうだとか、東大に行けば食いっぱぐれないだとか、いじめっ子を見返したいだとか、そんなレベルの話でいいんです。どんな理由であれ「自分の心が求めるもの」なら、努力できるはずです。

僕の友達の東大生は、「東京に行って自分の好きな声優に会いたい」という理由で猛勉強して合格しました。地方出身の彼が、東京に行くのを親に納得させることができる一番わかりやすい理由が「東大に行く」だったのです。「好きなアイドルと結婚するために女子アナになりたくて」という理由で東大を受験して合格した女の子もいます。

こうしたきわめてパーソナルな理由、個人的な事情というのが案外、強力な「内発的動機」になるものです。

『ドラゴン桜2』17巻・154限目「中高一貫校の罠」

お兄さんは二人とも親のために勉強した…
しかし…勇介君は自分のために勉強しているから…
親のため…自分のため…？
なぜそう断言できるんです？それにそのことがどう関係あるんです？
大いに関係あります
中学受験をするくらいの子ども…つまり小学校高学年…

このくらいの年齢の子どもの大半はみんな親のために勉強しているのです
そんな…
よく親や教師は「勉強するのは夢を叶《かな》えるため」と子どもに言い聞かせます
確かに小学校の高学年ともなれば「医者か弁護士になりたい」といった夢をはっきり持って…
大人も目を回すほどの難問を易々《やすやす》と解き自分で選んだ夢に向けて努力しているように見える子もいます

しかしそれは
親や教師の側からの
勝手な見方に過ぎない…
所詮《しょせん》　子どもは子ども
夢のために努力している
意識など頭にありません
学校での勉強と
弁護士や医者になることが
どう繋《つな》がっているかなど
はっきりわかっている
はずがないのです
子どもが
勉強する
その理由は…
親が喜ぶから
これ以外に
ありません

僕自身の話をします。

僕は、小学校から中学、高校までずっといじめられっ子でした。何をやっても中途半端で、うまくいかない、という経験がすごく多かったです。通っていた高校は東大合格者が歴代ゼロで進学校にはほど遠く、そこで学年ビリの成績をとっていました。あまりの成績の悪さに自主退学勧告を受けそうになっても、ゲームや漫画に逃げていました。

そんななかで、僕は担任の先生からこんなことをいわれました。

「お前は、このままじゃダメだ」

「お前は、自分ができないやつだと思っているだろう。自分にできることなんて何もないと思っているだろう。自分でそういうふうに『ここまで』という線を決めて、そこから先にはいけないと思っているだろう」

「人間は、自分で線を決めて、多くの人はそのなかでしか行動しなくなる。『自分にできる範囲はこれくらいだ』と自分の領分を自分で決める」

「でもな、その線は幻想なんだよ。人間はなんでもできるし、どこにだっていける。『できない』と考えている、その心がブレーキになっているだけなんだよ」

では…上の二人は親のため…私たちのために勉強して大学に入ったと…
そうです…本人にその意識はないでしょうが大きくなっても根本的には変わりません
親のため…つまりは他人のために勉強していたはずです
そういう子は社会に出てからもある一定の仕事をそつなくこなします
だから…そこそこの成功を収めますがそれ以上の大成功は摑《つか》めません
START
DON!
なぜなら行動の基準が他人だと与えられた範囲でしか頑張れないから

『ドラゴン桜2』17巻・154限目「中高一貫校の罠」

その点
勇介君は違います
初めは親を
見返すためでしたが
その後に自分の意思で
自発的に勉強を始めた
まさに
自分のために
勉強しているのです
こういうタイプは
社会に出てからが
強い
START
仕事においても
進んで興味の幅を広げ
どんどん
挑戦していく…
何事も行動の基準が
自分にある…
こういう人間が
大成功を収めるのです

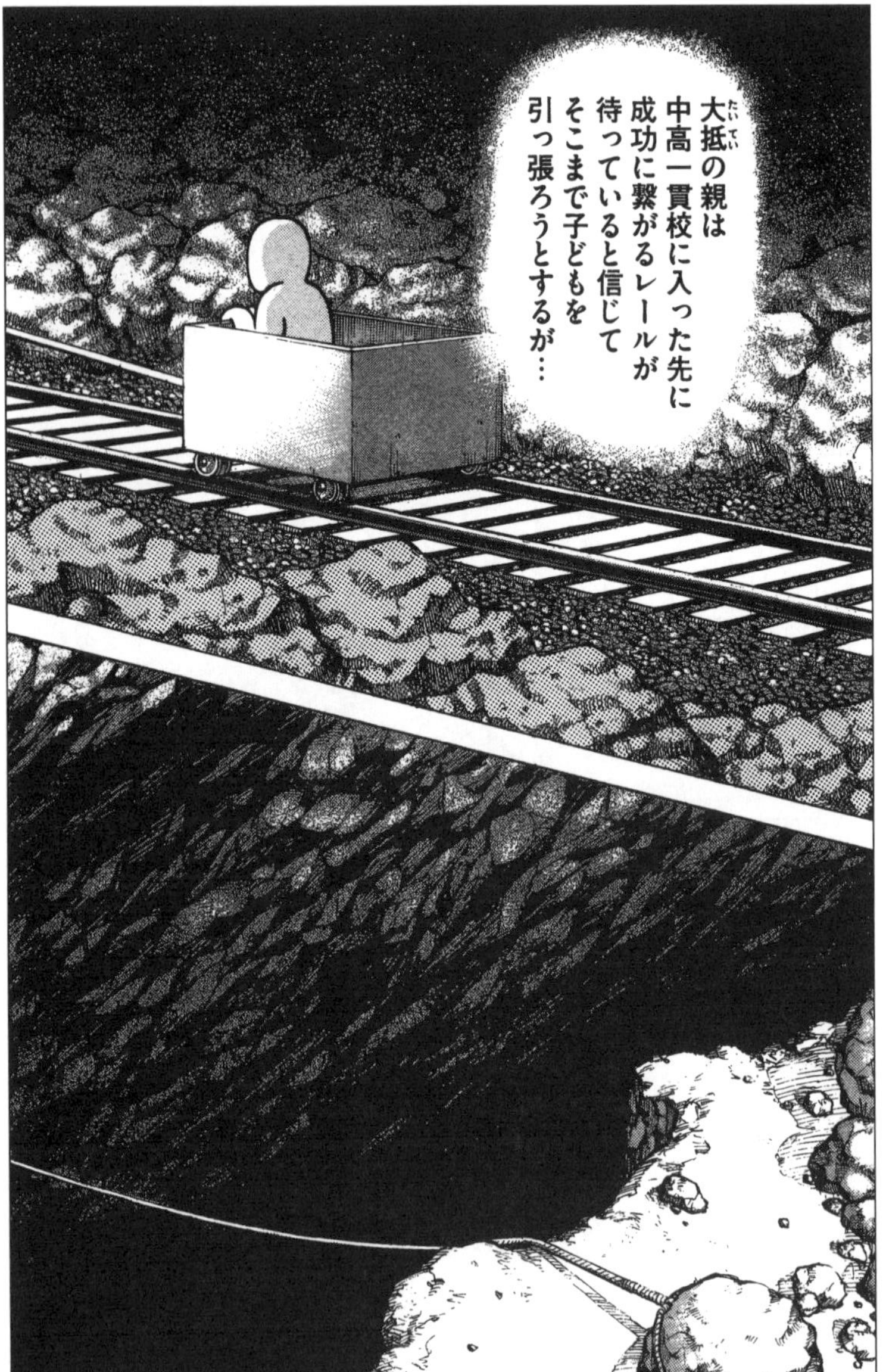
大抵《たいてい》の親は
中高一貫校に入った先に
成功に繋がるレールが
待っていると信じて
そこまで子どもを
引っ張ろうとするが…

そうやって親が
無理に乗せたレールは
実は深い谷に張った
細いロープのようなもの…
いつ切れるかわからない
危うい代物に過ぎません

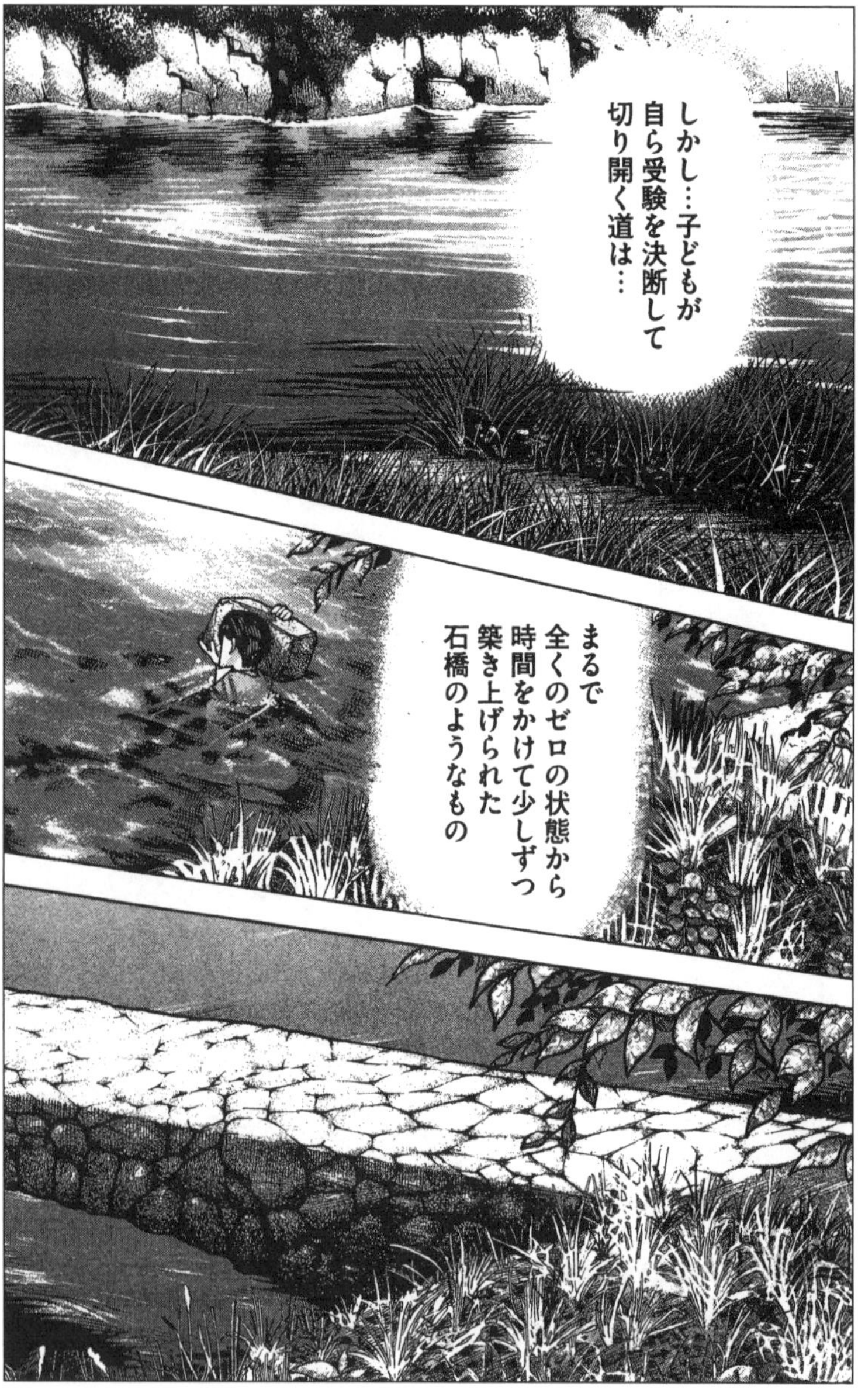
しかし…子どもが
自ら受験を決断して
切り開く道は…
まるで
全くのゼロの状態から
時間をかけて少しずつ
築き上げられた
石橋のようなもの

土台がしっかりしてるため
どんなことが起きても
ビクともしないほど頑丈で
その後の人生を支える
大きな基盤となるのです

「だからお前、めちゃくちゃ高い目標を持って、頑張ってみたらどうだ?」

担任の先生にそういわれて、僕は「ああ、そうか」と、妙に納得したんです。

「そうか、自分はそうやって、自分で線を決めていたのか」

「それなら、何か目標を決めて、頑張ってみようかな」と。

そう考えて、「何を目標にすればいいですか?」と聞いたところ、返ってきた答えが「東大に行け」でした。まるで桜木です。

「スポーツとか音楽とか芸術とかは才能も絡むが、勉強は違う。努力が努力した分だけ、返ってくる。だから、お前は、勉強を頑張ったらいいんじゃないのか」と。

それがあって、偏差値35だった僕は、やりたくない勉強に対して「やろう」という気になれたのです。僕自身が「とりあえずの高い目標」を持ち、主体性を得た瞬間でした。


こうして「東大進学」の可能性について考えたとき、個人的にすごく魅力を感じることがありました。

それは「東大生になればいじめられない」です。僕が、なぜ東大受験に本気になれたかといえば、「いじめられたくなかったから」です。

東大受験を先生に薦められたとき、僕はこんなことを考えました。「東大に合格すれば、さすがに僕のことをいじめる人はいなくなるだろう。それに僕自身が劇的に変わるはずだ。このまま自分が変わらなかったら、ずっといじめられっ子のままだけど、東大に合格するくらいに変われば、いじめられっ子だった今までの自分を否定できる」。

これは、僕にとって強い動機付けになりました。だからこそ、2浪はしても東大に合格できたわけです。

『ドラゴン桜』に登場する高校生たちも、それぞれとても個人的な理由から、東大合格への思いを強めます。水野直美は、スナックを営む母から離れたい。矢島勇介と天野晃一郎は、それぞれ優秀な兄や弟へのライバル意識です。東大に合格して、女優かモデルになりたいという西崎麻美もいました。

小さくて稚拙で、ほかの人から見れば笑いたくなるような理由かもしれません。それでも、これらの思いは「内発的動機」です。自分が心の底から望むことだからこそ、他人にいわれる理屈よりも納得感があるわけです。

東大生にはマイペースな人が多いです。個人的な好き嫌いや、自分にとっての快不快

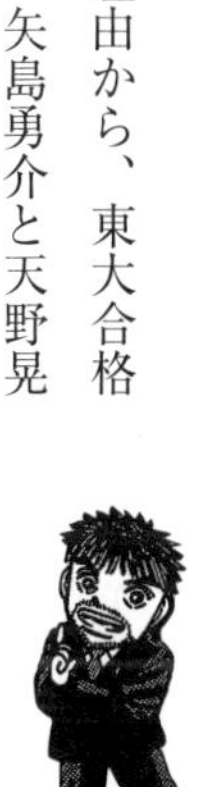

『ドラゴン桜2』2巻・9限目「弟に比べてダメな兄」

に敏感で、それに基づいてニッチな研究分野を究めたりします。その過程で他人からしたら、どう考えても「やりたくない」と思えるような努力を、淡々と積み重ねてしまったりもします。これも内発的動機を大事にするからこそでしょう。

主体性とは「自分の行動に対して、目標を設定する能力」だと、先ほど定義しましたが、内発的動機付けを踏まえて一言付け加えるなら、こうなります。

「主体性」＝「自分の行動に対して、自分の意思（内発的動機付け）で、目標を設定する能力」

『ドラゴン桜』4巻・34限目「4コママンガ!?」

自分を主語にする

『ドラゴン桜』に、桜木が「アイメッセージ」の重要性を伝えるシーンがあります。自分を主語にした文章で気持ちを伝えると、より深く相手の心に届く、と。自分自身に対してもそうです。他人のアドバイスも、あくまで「自分が」いいと思ったからやる。何をやるにしても、自分を主語に納得感を持って決めてください。

『ドラゴン桜』1巻・9限目「スパルタ合宿」

こんなとこ
自分の力で
絶対に出るんだ!

STEP 3

「楽しむテクニック」を使って「ゾーンに入る」

主体性を高めるうえで、非常に重要な能力があります。

それは「楽しさを見つける能力」です。

東大生は内発的動機を重視する、といいました。しかしだからといって、外発的な動機によって行動することが悪いということではありません。

『ドラゴン桜』でも、いろんな高校生のキャラクターが桜木に振り回されて、勉強する気なんてなかったのが、その気にさせられ、どんどん自分から勉強をやっていくようになる……ということがあるわけです。

先ほどの「内発的動機」「外発的動機」の議論と矛盾するように感じるかもしれませんが、そんなことはありません。先ほどのアンケート結果を思い出してください。東大生だって、はじめから楽しんで勉強していたわけではなかった（＝外発的動機で勉強していた）。にもかかわらず、勉強を続けるうちに主体的に勉強するようになった、という人が多数派なんです。

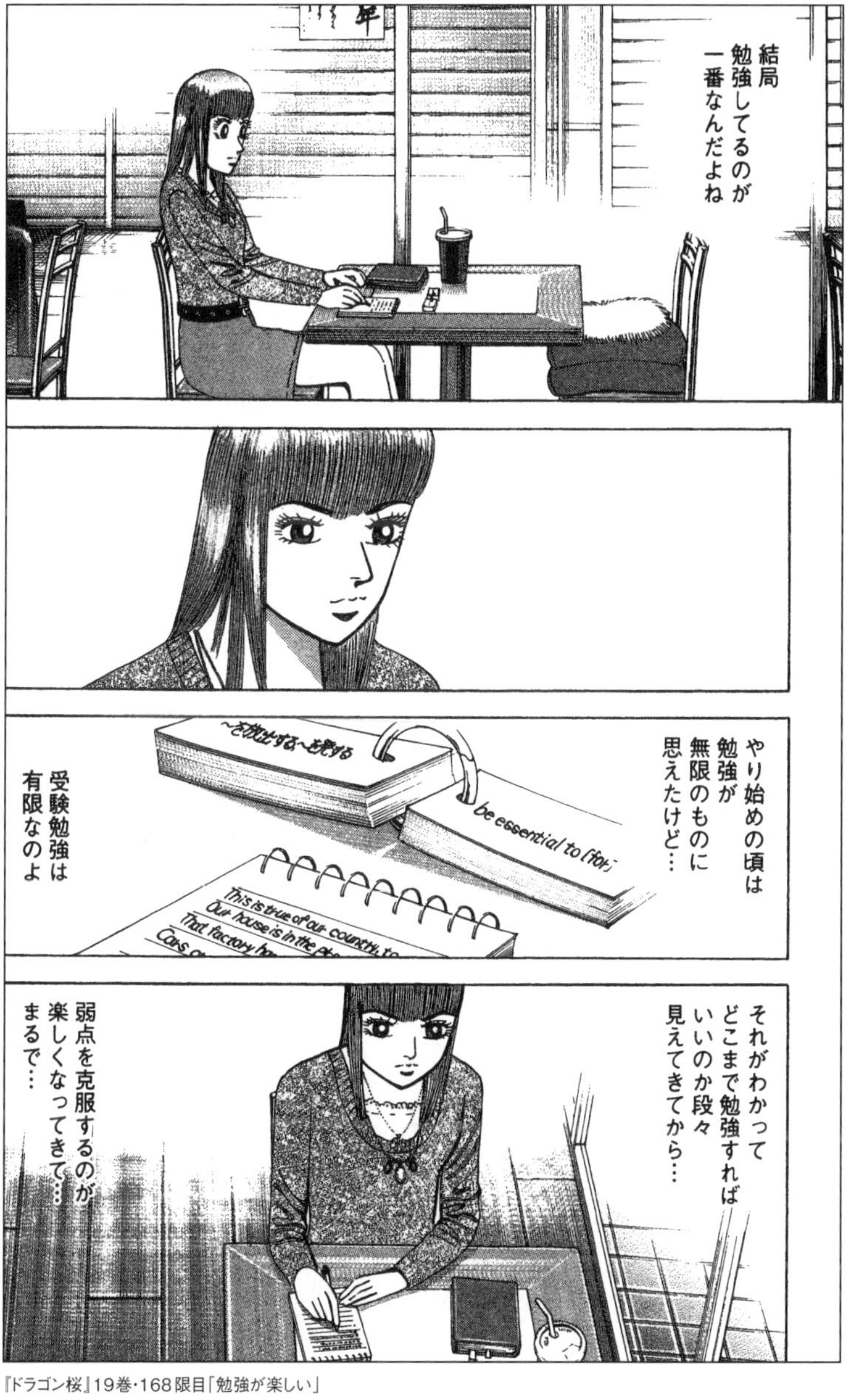

『ドラゴン桜』19巻・168限目「勉強が楽しい」

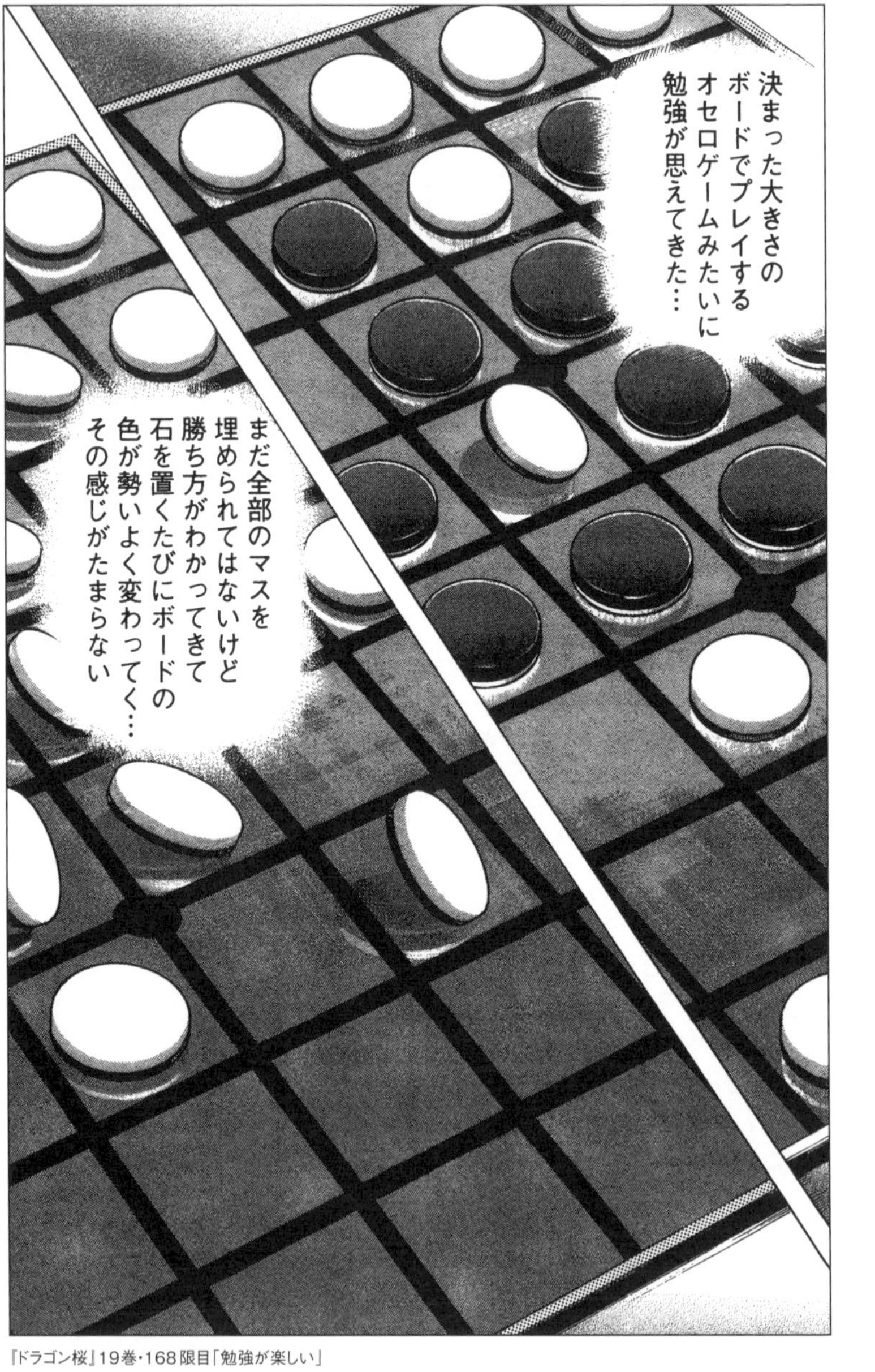
決まった大きさの
ボードでプレイする
オセロゲームみたいに
勉強が思えてきた…
まだ全部のマスを
埋められてはないけど
勝ち方がわかってきて
石を置くたびにボードの
色が勢いよく変わってく…
その感じがたまらない

『ドラゴン桜』19巻・168限目「勉強が楽しい」

そういう人たちに一体何が起こったのかというと、「楽しさ」を得たのです。

非認知能力の中で最強に内発的動機として機能するのは、「楽しむ」という意味での楽観性です。好きこそものの上手なれで、「楽しい」と感じられることは、「やりたくない」とは考えず、逆に自ら進んで努力を続けることができますよね。

物事を楽しむ能力、あるいは、楽しいと思えるように努力すること。これは非常に重要なことです。ぶっちゃけたことをいえば、人間は楽しかったら努力するし、楽しくなかったら努力しません。でも、やれば楽しいことは大抵、始めたばかりでは楽しさがわかりません。続けることではじめて楽しさや、面白さを見出せる。だから、多くの人は最初の一歩が踏み出せずに苦労するわけです。

東大生の勉強法というと、古文や歴史を学ぶのに漫画を読むというのが有名ですが、ほかにも英単語を暗記するとき、自分で専用のカードゲームを開発したという人がいたりします。要するに、この人たちは自分から楽しめるように努力することを厭わなかったわけです。

ドラゴン桜に印象的なシーンがあります。「元旦だけは勉強を休め」と桜木にいわれていた水野直美が、勉強を再開する場面です。

『ドラゴン桜』19巻・168限目「勉強が楽しい」

東大受験に向けて追い込みをかける水野が、いつの間にか勉強を楽しめるようになっている自分に気づく。ある種のゾーンに入った状態です。はじめは勉強なんて嫌だと泣いていたのが、勉強を続ける中で、自分の力で自分をこのような状態に持っていくことができるようになった、というわけです。

このシーンに描かれているオセロには重要な意味があります。「ゲーム感覚」ということです。オセロの石をひっくり返すように、頭の中にある自分の盤面をどんどん形勢有利な形に変えていく。この行為から生まれる快感こそ、「やりたくない」と思うことを「やりたい」と思えるようにするうえで非常に効果的なものだといえるでしょう。

気の進まないことでも、楽しめるように努力する。これも東大生になるためには必要な能力であり、「やりたくないこと」ができるようになる特効薬だと思います。

ではこれらの3つを、具体的に東大生はどのように発揮しているのでしょうか？　あるいは、身につけているのでしょうか？

そこにはテクニックがあります。

4

MINDSET

西岡壱誠

やりたくないことを「楽しむ」ための3つのテクニック

東大生たちは、どんな方法を使って受験勉強を楽しめるものに変えているのか。3つのテクニックを紹介したいと思います。

テクニック1

「クリア条件」を数字で設定してゲーム化する

はじめにみなさんにご紹介したいのは、「ゲーム化する技術」です。

「ゲーム感覚で」ということを先ほど強調しましたが、そもそもゲーム感覚って一体なんでしょうか？

すごくシンプルにいうと、これは「クリア条件が数字で設定されている状態」です。

書類1枚書くのでも、締め切りがなければ、なかなか取りかかれない気がします。しかし、「今日の5時までにお願いね」といわれていれば、どんなにやりたくない仕事だったとしても、少なくとも5時には間に合うように頑張れる人が多いと思います。それは締め切りの5時が近づくにつれて「あと〇分以内には終わらせないといけない」ということが明確になるからです。

「〇分以内に書類をつくる」という「クリア条件」が明確になるから、がむしゃらに頑張れたり、苦し紛れに裏技で乗り切る知恵が出てきたりするのです。

それと同じように、クリア条件を自分で設定するのが「ゲーム化」です。「50分以内に、企画書を3本仕上げる」というような条件をつくれば、「〇分以内に、あと2本を終わらせないと！」とか「あと〇分！」とか、そんなふうに張り合いが出てくるのではないでしょうか？　これが、「楽しさ」へとつながっていきます。ゲーム化しなければ単調な努力の積み上げでしかない行動が、トランプで「うまく自分の手札を使って相手を倒す」ような遊びに変わるわけです。

ゲーム化すれば、いろんな物事が楽しくなっていくわけです。

僕も昔は、「勉強をしよう！」という漠然とした目標しか持っていない状態で努力を積み上げようとして、挫折しました。何からどう手をつけていいかわからず、その状態

「命を取られる以外はピンチじゃない」

この言葉は三田先生の『インベスターZ』からです。目標を達成しないと恥ずかしいと思って、目標を決めるのを怖がる人は結構います。もちろん、目標に向けて頑張ったほうがいいですが、失敗したからといって、死にはしません。ダメでも死なない。「とりあえず一回、チャレンジしてみよう」という肩の力の抜けたスタンスも重要です。

だと最初の一歩がなかなか踏み出せないからです。

でも、勉強をゲームのように捉えて、「このプリントを○分以内に終わらせる」というような条件をこまめにつけていったところ、格段にやる気が上がりました。

東大生を見ていると、大きなタスクを小さく分けて、取り組みやすいサイズに変えるのがうまいと感じます。どの程度意識しているかは人それぞれですが、ゲーム化のテクニックを日常的に活用している人が多いことは間違いありません。

ゲーム化のメリットは、どういう行動を取るのがいいのかを、工夫する余地が生まれることです。「あと何分しかないなら、その間にこんなふうに頑張れば成功するんじゃないか」「もう2つ必要なら、これをこう工夫したら成立するかもしれない」など、制約があるからこそ、解決策を自分の頭で考えて、どんどん実行に移していくことができるわけです。そして1つクリアすれば、同じやり方で次も頑張れるようになる……ということです。

ポイントは、「クリア条件を明確にする」ということです。

サッカーや野球、バスケットボールなどのスポーツでは、「相手より点数が多ければ勝ち！」という明快なルールがあります。スポーツだけでなく、チェスや将棋、トランプでも、およそゲームと呼ばれるものに共通しているのは、「○○したら勝ち！」というゴールやクリア条件がわかりやすくつくられていることです。

なぜでしょうか？

きっとそれは、「具体的でわかりやすいほうが熱中できるから」です。勝ち負けがはっきりしていたほうがゲームに熱中できますし、クリア条件が具体的でわかりやすいほど、戦略が立てやすいので熱中できるという側面もあります。熱中しやすいゲームほど人気が出て、定番になっていくということでしょう。

考えてみれば、受験勉強にはもともとゲームの要素があります。最終的には「より高い点数を取ったほうが勝つ」ので、ルールは明快です。特に、一部の資格試験などのように「何点以上で合格」という基準が決まっている場合は、その点数を取るためには何が必要か、ということを先に考えると戦略が立てやすく、勉強に集中できます。

しかし、そういうルールを意識しないで、漠然と「学力をつけよう」と考えてしまうと、「どんな勉強をすればいいんだ？」と迷ってしまい、行動できません。

目標が具体的でないと、人間は行動できません。具体的なものの筆頭が数字です。だ

から、数字で目標を設定すると、うまく次の行動を想像できるようになるのです。

例えば、試験を受けるとき、合格ラインが何点かを知らないと、何をどう頑張ればいいのかが見えにくいと思います。けれど、合格ラインの得点を調べてだいたい70点くらいだとわかったら、どうでしょう。

「30点は落としてもいいということか」

「どのタイプの問題で、70点を積み上げればいいか」

「捨てる30点は、どの分野にするか」

というふうに、ゴールから逆算した戦略でゲームを進めることができるわけです。

こうした戦略的な思考法は、東大生であればほとんどの人が基本的なメソッドとして実践しています。東大に合格する人で入試のときに「いい点を取ろう！」と考えている人は決して多くありません。「最小限の努力で東大に入ろう！」と考えて、合格するかしないかのボーダーライン、ギリギリを狙っていく人も結構います。

この考え方を応用できれば、勉強でも仕事でも、大抵のタスクはゲーム感覚で進めることができるはずです。

仕事であれ、勉強であれ、タスクが降ってきたら「ゲームクリア」「ゲームオーバー」

を決めるシンプルなルールをまずは設定するように習慣づけること。それが主体性を高めるコツです。

「ゲーム化」の段取りは、次の3ステップです

STEP1　具体的な数字で目標を設定する
STEP2　制限時間を設定する（基本的には3分から1週間）
STEP3　達成できたらゲームクリア、達成できなければゲームオーバーとする

これなら、どんな内容のタスクでもだいたい、ゲーム化できると思います。

ゲーム化できるということは、「ゲーム感覚」で考えて、実践することができるわけです。「ゲーム化」という感覚を持てるようになったなら、どんな行動をしているときでも、ある程度の目標が見えてくると思います。

このように、勉強でもなんでも「ある一定の目標を持った行動」というのが取れるようになること。それが主体性です。

「勉強しよう」ではなく「1時間以内にこの30問を解こう」という具体的な目標があるから、自発的、主体的に勉強ができるわけです。単純な数字の目標が、短期的には一番わかりやすい目標ですから、その数字を追うことで「なんでやらなきゃいけないんだ」から、「この数字をクリアするために努力する」というレベルに変わる。主体性のレベルアップです。

テクニック 2

「3種類の目標」を設定して結果の精度を上げる

ですが、ゲーム化だけでは、うまくいかない場合があります。

タイムアタックといって、同じコースを走る速さを競うモータースポーツだとか、同じステージをどれだけ早くクリアできるかを競うテレビゲームなどの場合、勝つために必要な条件を数字で明確に設定することができません。不明確な目標に向けて努力を積み重ねる必要があり、楽しみを見出すのが難しくなります。

また、フィギアスケートのような採点競技の場合、技の「質」のようなものが求められるので、やはり勝つための条件が不明確です。

受験勉強でも、小論文などには似たようなところがありますし、仕事でも例えば、企画書の本数でなく、内容や質が問われるとなれば、ゲーム化は難しくなります。

そんなときにお薦めなのが、視点を変えて3つの目標設定をすることです。具体的には、次の3種類です。

- **数値目標**
- **行動目標**
- **状態目標**

求められる目標が数字でわかるならば、1番目の数値目標だけを立てて、すぐにゲーム化できます。「企画書を3本、○時までに書く」というケースですね。

けれど、「いい小論文を書く」とか「質の高い企画書を書く」といったことが求められる場合、すぐに数値目標には落とし込めません。

そういうときには、2番目の行動目標を考えます。

行動目標というのは、「いい小論文を書く」「質の高い企画書を書く」には、どのよう

な行動が必要かを考えて、目標にすることです。例えば、下調べとしてどれだけの資料を読み込むのかとか、推敲を何回するだとか……。どんな行動が結果につながるのかは、トライアンドエラーで試してみないと結局のところはわかりませんが、仮説を立てて目標をつくり、実行する。その結果を見て、目標自体をブラッシュアップしていくというイメージです。

仮説ではあっても、「何冊の資料を読む」「推敲を何回する」と決めれば、「数値目標」になるので、行動には移しやすくなります。それが一定の効果を上げたなら、同じ努力を繰り返したり、数字を変えてみたりして、より効果が上がる目標につくりかえていけばいいというわけです。

3番目の状態目標というのは、「後輩の見本になるような先輩になる」だとか「顧客に信頼される営業担当になる」といった目標です。「ありたい姿」を描くということですね。こういう場合、次の3ステップで、目標を整理していくといいと思います。

STEP1　状態目標がある

↓「こうなりたい」という、自分の「ありたい姿」がある

STEP2 行動目標を設定

↓状態目標を達成するために「こんなことをしたい」という行動を決める

STEP3 数値目標を設定

↓行動目標を具体的な数字に落とし込んで「いつまでに、何を、どのくらいやるのか」を決める

このように、ある1つの目標を、3種類の目標に分解すると、実践に移しやすくなるというメリットがあります。

けれど、それだけではありません。目標に対する理解が深まるという側面もあって、大事なことです。例えば、同じ「3問の問題を解く」という数値目標でも、状態目標が何であるかによって、「素早く解く」ことを目指すのか、「解説まで読み込んでじっくり解く」のか、行動目標が変わってきますよね。3種類の目標をつくれば、自分の目指す姿が緻密に描け、目標の解像度が上がってきます。

テクニック3

「二重目標」でメンタルに保険をかける

3つ目のテクニックは、「二重目標」です。「ドラゴン桜」の中では理科の阿院修太郎《あいんしゅうたろう》先生が語っていました。

目標を立てるとき、「最低限、達成したい目標」と「達成できたら理想的な目標」という2つの目標を設定する、ということです。阿院先生の二重目標は、次の2つでした。

最低限の目標＝生徒を受験で合格させる
理想的な目標＝生徒が科学に興味を持ち、将来自分も科学に携わって社会の役に立ちたいと思う

こう考えることで、阿院先生は、理想と現実のバランスを取っていると語ります。これは受験テクニックとしてもとても有効で、『ドラゴン桜』の井野真々子《いのままこ》先生は阿院先生の話を聞くとすぐ、受験生の指導に応用する方法を考えつきます。

『ドラゴン桜』12巻・109限目「二重目標」

でも大抵《たいてい》は三日坊主で終わる
なぜなら目標がただの願望になっていて昨日できなかったから今日は倍やるぞなどと無理を重ねてしまうから
そしてひとつ失敗するとすべてがダメだと思って諦《あきら》めて投げ出してしまう
これを防ぐために目標を二つにするのでヒ
最低限なしとげたい目標と…
もしできたら理想的な目標の二つを用意するのでヒ
最低と…理想……
私の場合は生徒を受験で合格させる
これは最低でもなしとげたい…

そして理想は
生徒のみんなが
科学について
興味を持ち
将来自分も
科学に携わって
社会の役に立ちたいと
思う人間を
育てることでヒ

二重目標…
これは使えるわ
例えば…
英単語を覚えるのに
最低でも10個…
理想は50個…
この間ならOK…とかね
『ドラゴン桜』12巻・109限目「二重目標」

いかがでしょうか？

「最低限これだけはできる／やりたい目標」を考えて、その目標は最低でも達成できるようにする。また、「最高でこれくらいまでできれば嬉しい目標」を考えて、その目標を達成できるように頑張る、というものです。

目標が理想に偏りすぎていて高すぎてしまうと、それが達成できなかったときに「全然できなかった」と挑戦自体をやめてしまう場合が多いと思います。そういう意味で、最低限の目標は心が折れないよう、メンタルに保険をかけるようなものです。

しかし、逆に、目標が低すぎてしまってもよくありません。ずっと同じレベルの簡単な目標ばかりを目指しても、成長がないのです。

やりたくないことをやるときに、1つの目標では、努力を続けることに無理が来るタイミングがあります。だからこそやらなければならないのが、2つ目標を立てるということです。最低ラインと最高ラインを設けて、その間の数字を狙って努力を続けていくわけです。

そこで「ゲーム化」のゲームクリア条件と、「3つの目標」に、それぞれ……。

STEP1　最低限達成したいラインを「最低目標」として決める
STEP2　最高で達成したいラインを「最高目標」として決める
STEP3　2つのラインの中間あたりを意識し、頑張る

こうすることで、努力を続けつつ、無理もしないで前に進んでいくことができます。「ゲーム化」を実践していけば、どんどん自分の成長を実感することができます。最低限の目標を設定することで安心感を得ながら、より上へ、上の目標へとチャレンジして進んでいくことができるわけです。

これら3つのテクニックに共通するのは、「成長」という要素です。「ゲーム化」すると「努力が報われている感覚」が得られます。勉強だったら、「この分量をこの時間で終わらせることができた」という達成感を得ることができるわけです。「3種類の目標」と「二重目標」は、そんなゲームをさらに深いものにしていける仕掛けです。二重目標を使えば、難易度の高い目標に挑戦しやすくなります。3種類の目標を使えれば、質を高めることが可能になります。高度な目標をクリアできればもちろん、今までより高度な目標設定をすることも、成長の実感になります。

人間は、成長を実感すると、どんどん前に進んでいくことができます。

それは『ドラゴン桜』のこんなシーンに表現されています。

猛勉強を積み上げてきたのに、テストを前に不安になっている水野と矢島に、桜木が語りかけます。二人が不安なのは、自分たちの実力が見せかけで本当の実力ではないと思っているからだろうと。特別講師に受験テクニックを教わっただけじゃないか、と。その指摘に、ドンピシャだと、二人は驚きます。そんな二人の不安をいっぺんに吹き飛ばしたのが、桜木のこの一言です。

『ドラゴン桜』14巻・127限目「成長した!」

お前たち二人は
成長している
成長…

『ドラゴン桜』14巻・127限目「成長した!」

「お前たち二人は成長している」

努力しても努力しても不安になる僕らの気持ちを変える言葉は「成長している」です。自分の成長は、なかなか感じることができません。でも、成長を実感すると、「今の自分の努力は無駄になっていない」という確信を得られます。

例えば、この章【PART1】の最初にお話しした穴掘りの拷問の話。あれも、何度も繰り返していけばうまく、早くなっていくでしょう。昨日よりも今日、今日より明日。その実感が、つらさを乗り越える一番の希望になるように思うのです。

「成長」というキーワードはとても便利で効果絶大のホメ言葉だ
子供が伸びた瞬間を見逃して声をかけ損ねると自信を得るチャンスを失い子供はさほど成長しない
以前にホメ方を教えたがホメるということは教育では大切だ
おかげで実力を自己確認できて自信が持てるようになる
自己確認…

『ドラゴン桜』14巻・127限目「成長した!」

人が成長するために
一番大切なのは
成果の確認だ
成果の確認…
確認がないと
成長できないんだ
テストは
点数という目に見える形で
成果を確認できる
だから普段の小テストを
俺は重視してるんだ
言葉で聞いたり
目で見たり
五感を使えば成長を
実感できるんだ

東大受験は目指した時点で半分合格

東大受験で得た非認知能力は社会に出てからも役立つ。このような前提で僕（西岡）はこの本を書きましたが、「本当にそうなのか」と思われる方もいるでしょう。そこで、それぞれの章の最後で、東大を卒業して社会で活躍している3人の先輩にお話をうかがっていきたいと思います。3つの分野から、3人の方に取材をお願いしました。

【フリーランス】加藤紀子さん：教育分野を中心に、さまざまな分野でフリーランスとして取材、執筆を続けられ、2020年刊行の著書『子育てベスト100』（ダイヤモンド社）が16万部突破のベストセラーになりました。東京大学経済学部を卒業。国際電信電話（現KDDI）で働いた後、渡米し、子育てに専念された時期をへて、フリーランスとしての活動を始められました。

【営業】高橋浩一さん（TORiX代表取締役）：自らがプレゼンしたコンペが8年間無敗という、営業のプロフェッショナル。高校生まで極端な人見知りだったそうです

フリーランス
加藤紀子（かとう・のりこ）
東京大学経済学部卒業。国際電信電話（現KDDI）を経て、渡米。帰国後は中学受験、子どものメンタル、子どもの英語教育、国際バカロレア等、教育分野を中心にさまざまなメディアで取材、執筆を続ける。一男一女の母。2020年『子育てベスト100』（ダイヤモンド社）を上梓、16万部突破のベストセラーになる。

が、営業コンサルタントとして50業種3万人以上の営業強化を指導されてきました。著書『無敗営業』（日経ＢＰ）がベストセラーとなり、続編の『無敗営業 チーム戦略』（同上）も好評です。東京大学経済学部を卒業されています。

【経営】髙田旭人さん（ジャパネットホールディングス代表取締役社長兼ＣＥＯ）：東京大学卒業後にお父さんが創業された会社の2代目としてバトンタッチを受け、売上を伸ばし続けている実力派です。その経営に対する考え方や手法は著書『ジャパネットの経営』（日経ＢＰ）に詳しくわかりやすく紹介されています。東京大学教養学部で数理科学を専攻されていました。

みなさん、そうそうたるご活躍です。さっそく、この章では「東大受験と主体性」をテーマに、お話をうかがっていきましょう。

＊＊＊

――この本のテーマは受験勉強で得られるメンタルの力です。東大生の何がすごいと

営業

高橋浩一（たかはし・こういち）

東京大学経済学部卒業。外資系戦略コンサルティング会社を経て25歳で起業、企業研修のアルー株式会社へ創業参画。2011年にTORiX株式会社を設立し、代表に就任。上場企業を中心に営業強化を支援。自らがプレゼンしたコンペで8年無敗。著書に『無敗営業』（日経BP）『なぜか声がかかる人の習慣』（日本経済新聞出版）など。

いったら、やっぱり勉強で結果を出していることですが、必ずしも、もともと成績がよくて勉強が好きだった人ばかりでもないのですよね。それに東大受験の科目数は多いですから、ある科目が好きで得意だとしても、苦手な科目、嫌いな科目の勉強もして、一定の結果を出さなくてはなりません。

そういう意味では、僕は、高橋さんが「営業」という仕事で成果を上げていることに興味があって、高橋さんは、もともとは極度の人見知りだったとうかがいました。そうだとすれば、営業がもともと得意だったとは思えませんし、よく営業の仕事を選ばれたとも思うし、そこで高い成果を上げているというのは、東大生らしいメンタル、という気がするのです。

高橋　うーん、どうでしょう。僕のなかでは**営業と勉強は、好きとか嫌いとか得意とか苦手という話ではない**のです。

営業というのは、すごくエッセンシャルなもので、**そもそも生きている時間のほとんどが営業**じゃないかと僕は思います。起きている時間のうちのかなりの部分を、人は誰かに動いてもらうために使っていますよね。仕事でもお客さんに買ってもらうだけでな

経営

髙田旭人（たかた・あきと）

株式会社ジャパネットホールディングス代表取締役社長兼CEO。東京大学教養学部卒業。大手証券会社を経て、2004年、父・髙田明氏が経営するジャパネットたかたの社長室長に着任。コールセンターや物流センターの責任者を務めた。12年7月から副社長。15年1月、社長に就任。社長就任7年目で、過去最高売上高更新中。

く、上司や他部署の人に動いてもらわないことには話は始まらなくて、そうやって人に動いてもらうために働きかけることは突き詰めれば全部、営業活動です。だから、営業は、好き嫌いとかと関係なく、生きているかぎりは必要で、生きていることそのものが営業です。

勉強についても、**人間が「よりよい人生を歩もう」と思ったら、学ぶという行為は必然的についてまわります。**家族との会話や友人との会話で「ああ、なるほど」と思うのも勉強ですし、気づかないうちに僕らは勉強しているのです。生きることと学ぶことはつながっていると思います。

それを苦手だから勉強しないとか、営業しないというのは、やるかどうかの「選択権」を持っている幸せな人の話だと僕は思っています。僕はあまり選択権を持たない人間だったので。

――なるほど。営業を仕事にしたのは、なぜですか？

高橋 起業したからです。起業したらもう、起きている間ずっと営業ですよ。起業したら、営業をやめた途端に死んじゃうし、**起きている間、ずっと学ばないと死んじゃうの**ですよ。

――なるほど、興味深いです。営業を仕事にしたきっかけは起業で、起業を成功させたいから営業したわけですね。

受験生たちは「東大受験」で成功したい、合格したいという思いで、勉強を頑張ります。けれど、頑張ったからといって、成功するとはかぎらないわけで、「結果が出ないかもしれないこと」に対して、自分の時間を膨大に投資するところに、受験という体験の凄みがある気がします。そこにはやっぱり、主体的な動機付けが必要だと思います。

みなさんが、東大を目指したきっかけは、なんだったのでしょうか。

髙田　僕は幼いころから、会社を経営している父と母のことが大好きで、尊敬していて、かなり早い段階から「父の会社を継ぐ」ということが人生の目標としてありました。じゃあ、どうしたら父の後継者としてみんなに認めてもらえるかと考えたとき、**「東大を出ていれば、認めてもらえるのではないか」**と何となく思ったのです。

といっても、高校時代は何より部活に熱中していて、引退した後で「行くなら東大だろ」と思い立ったので、スイッチが入ったのは高校3年の夏ごろで、結局、一浪して東大に入りました。

――加藤さんは現役合格ですね。

加藤　私は高校1年生のときに東大を目指し始めたので、現役合格に間に合ったという感じです。教育分野を取材してきて強く思うのですが、東大に合格するうえで、勉強にかけた時間は圧倒的に重要で、早く目指せば早く受かるというところは多分にあると思います。ある意味、**東大を目指した時点で、半分合格。赤門に半分、足を踏み入れたようなもの**です。

高田　『ドラゴン桜』は言葉の選び方が尖っているので、賛否はあるかもしれないですが、桜木がいっていることは基本的に正しい。

――ドラマでは「バカとブスこそ東大へ行け」というセリフが話題になりました。

高田　桜木がいいたいのは**東大を目指す、目指さないのも、勉強するかしないかも、真面目に働くか働かないかも、本当は自分で選べる**ということ。それが選択できる環境にいる幸せを感じないで、自分は不幸だと嘆いて、何かのせいにしているのは、もったいないと思います。

桜木は、目標を持っていない高校生に、無理矢理「東大合格」という目標を与えますが、目標達成のプロセスを楽しませようとしています。**努力することに楽しみを見出しながら、勉強を積み重ねるというのは、まさに東大受験の醍醐味**だと思います。成長が実感できずに、幸せになれないのを誰かのせいにしていたらつらくなるだけなので、**戦略的に目標を決めて動く**ことがカギです。

西岡さんと中山先生の「主体性という非認知能力」が必要という主張は、その通りだと思います。ただ、**主体性は0か100しかないわけではない**です。最初は周囲にいる大人が目標を与えたとしても、子どもが何となく努力が楽しめるようになってきたら、補助輪を外すように自分の目標に差し替えさせて、主体的に動けるようにする、というのが、世の中としては正しいのだと思います。

――髙田さんにも、そういう経験があったのですか。

髙田　ありました。これがすごく不思議な感覚で、東大を目指そうと思ったとき、**最初は、両親に喜んでほしいという気持ち**がありました。両親は、子どもが勉強するのをとても喜んでくれる人たちだったので。だから、「東大を受ける」と両親にいう前から、「目指すといえば喜ぶだろうな」と思いました。

ただ、僕が東大を目指すのは、かなりチャレンジングな目標でした。通っていた高校は、毎年40人くらいが東大に行く進学校でしたが、僕自身の成績は、中の下くらいをうろうろしていましたから。

そんな高い目標を掲げたときに、なんとなく「両親のため」とか「誰かのため」にやるということでいいのかという疑問が湧いてきたのです。そういうなかで、この受験は**「自分のため」に「自分の責任」でやるほうが心地いい、と思った瞬間**があって、自分にスイッチがガチッと入った感覚があったのを覚えています。

――加藤さんは、高校1年で早々に東大受験を決めたということでした。それは、どういうきっかけだったのですか。

加藤 私は、小学校に上がる直前、両親が何の準備もしないまま、急に私立小学校の受験を思いたち、受けたら受かっちゃったんです。

そこから、中学、高校まで同じ女子校に通いました。勉強よりも良妻賢母を育てるという雰囲気で、周囲の子はだいたい、そのまま付属の大学に進学するか、指定校推薦でほかの大学に行くかで、東大や京大を目指す子は、同じ学校にはほぼいませんでした。だから、私も東大なんて考えたことはなかったのですが……。

高校に上がったころ、「東京に行きたいな」と思ったのです。それで両親に「大学は指定校推薦の枠を使って東京の私立に進学したい」と話したら「東大か早慶だったらいいよ」と。わざわざ東京に行くなら、ということです。

当時通っていた学校から指定校推薦で行ける大学のなかで一番の高嶺の花は上智大学でした。私は勝手にそこが自分が目指せる天井だと思い込んでいたので、「さすがにそんなの無理でしょ」と反論したら、父に**「いや、東大も無理じゃないと思うよ」**といわれて。

実はそれまで一度も塾に通ったことがなかったのですが、「じゃあ、塾に通っていい？」と尋ねたら、「いいよ」という返事だったので、高校1年生から京都の駿台予備校に通って東大を目指すことになりました。

――いいお父さんですね。

加藤　学者だったので、「勉強すればできるだろう」と思ったようです。私は完全に井の中の蛙だったので、あのときの父の言葉がなければ、東大なんて考えもしなかったと思います。なにしろ、**最初に受けた駿台予備校の模試は、数学が100点満点中3点で、偏差値30台**でしたから。

――偏差値30台からのスタート、僕も同じです。仲間ですね（笑）。

加藤　でも、「まだ習ってない問題ばっかりだったし」と思って。**「これから時間をかけて勉強すれば受かるだろう」と、怖いもの知らず**（笑）。

とにかく、東京に行きたかったんですよね。そこで諦めちゃったら、東京に行けなくなるので、諦められなかった。

それに、**純粋な学力で、自分がどこまで行けるのかを試したい**気持ちもありました。通っていた女子校には、家柄のいいお金持ちもいたし、すごく美人な子もいたりして、**「自分の努力ではどうにもならないこと」もある**と感じていただけに、自分の努力だけでどこまで行けるのかなって。

地方に住んでいると特に、**女子はどうしても低く見られちゃう**のですよね。親戚の集まりで、年配の方から「成績がいいといっても、女子だから大したことないだろう」といった扱いを受けることもある。それで「悔しい！」と思ったところもありましたね。今も地方には根強くあると思いますよ。

――高橋さんは、どういう理由で東大を目指したのですか？

高橋 **家にお金がなかったから**です。私立大学という選択肢はありませんでした。そして、国立大学に進学したら、なんとなく未来が変わるのでは、という漠然とした思いがありました。書店にいったら、**『東大一発逆転マル秘裏ワザ勉強法』（福井一成著／エール出版社）という本があって、それに書いてあった通りに、朝から晩まで勉強したら、**現役合格しました。

もう必死で勉強しました。浪人して予備校に通うのもダメといわれていて、一時は、落ちたら働くしかないかと思っていました。宅浪（たくろう：予備校に通わず、自宅学習で浪人すること）で頑張れる自信はありませんでしたから、何がなんでも現役で滑り込まないといけないと思って。

――東大に行けるのは富裕層だけと思い込んでいる人も多いですよね。

加藤 東大は入試問題がすごく洗練されているので、**地方の公立高校の生徒が教科書をベースに勉強するのでも十分、合格できます。**究極的には教科書に書いてあることがどれだけ正しく、深く理解できているかが問われているのです。今でも親御さんのなかには、「東大は鉄緑会のような特別な塾に通わせないと合格させられない」と思っている方がいますが、私はそんなことはないと思います。鉄緑会にはハック的な要素もあるのでもちろん近道ではありますが、それ以外のやり方でも全然ムチャではないです。**東大はオーソドックスな勉強をしている子をちゃんと受け入れてくれる大学**です。

一方で、いくら親御さんが「東大に行かせたい」と思っても、行かせられないのが東大です。私が取材をして感じるのは、**東大に子どもが何人も合格しているとメディアで紹介されるような親御さんは非認知能力を伸ばす天才**だということです。やる気を高めるのが上手な親御さんだから、子どもが主体的に「東大に行きたい！」と思うようになる。東大は「自分で頑張れる子ども」しか入れないので、周囲がたきつけるだけではダメなのです。先ほど「東大は目指した時点で半分合格」といったのには、そういう意味もあります。

東大は受験生の3人に2人が落ちる大学ですが、**受験するプロセスで得るものが大きいので、落ちても挑戦する価値はある**と思います。正直なところ、今になって考えると、**海外も含めて、東大以外にもいい大学はたくさんある**と思いますが、**コスパが一番いいのはやっぱり東大**という気がします。学費も安いし、留学できる提携校も多い。子どもがやる気になるなら、受ける価値は今でも高いと思います。

——なるほど「子どもがやる気になるなら」ですか。やっぱり、主体性なのですね。

COLUMN

【主体性】を試す東大入試問題 ―中山先生―

少し話は逸れるのですが、東京大学は、「勉強に対して主体的になれているかどうか」を問う入試問題を出題することが多いです。

例えばここでご紹介するのは、中学生でも、小学生でも十分に解ける入試問題です。「全国4地点のバスや飛行機の時刻表について、どれがどれか答えなさい」という問題です。

……わかりましたか？

普段から自分が乗っているバスや電車、飛行機がどのように運行されているかに目を配っていれば小学生でも解けますし、そうでなければちゃんと勉強している高校3年生でも解くことができません。

	a	b		c		d					
時	分	分		分		分					
6				55		27	40	52			
7				34		2	12	22	32	42	52
8	15			7	35	4	16	30	42	52	
9		50		20		14	35	56			
10		0		21	52	19	39	59			
11		25		32		19	39	59			
12				20		19	39	59			
13		50		53		19	39	59			
14		20		7		19	39	59			
15	45	5		20	42	19	39	59			
16				40		19	39				
17		0		15	50	0	14	40			
18		10	35	50		4	24	44			
19		5		25	56	4	24	44			
20		20		20		9	29	49			
21				15		9	29	49			
22						9	29				

いずれも月曜日の時刻(臨時便を除く)。

[問 題]

次の表は、日本国内の4地点における時刻表を示したものである。
表の中のa ~ dは、

①成田空港の上海行きの航空便
②東京郊外の住宅団地のバス停(最寄りの駅前行き)
③人口約10万人の地方都市の駅前のバス停
④人口約5000人の山間部の村のバス停

のいずれかである。a ~ d に該当するものの番号(①~④)を、それぞれ答えよ。

※2005 年 地理 第2問 一部改変

この問題の答えは、まずbから攻めていくとわかりやすいです。bは、朝早い時間と夜遅い時間に出ておらず、さらにすべてが「5」「10」「30」など5の倍数でキリのいい数字になっています。

「朝早い時間と夜遅い時間にない」ということから、騒音の問題がある飛行機だとわかるはず。もしそれがわからなかったとしても、「キリがいい数字になっている」というのは、ターミナルに何百人もの人が集まって移動をしなければならない飛行機ならではの事情ですよね。「9時33分に飛行機が出発します!」なんていわれても、国際線で「定刻通り」に集まるなんてとても無理そうですよね。だからbは、「①成田空港の上海行きの航空便」が正解でしょう。

また、dは7時から8時にたくさん出ているわけですが、これは通勤ラッシュで、東京郊外から東京のオフィスや学校に通う人が多くなっているんじゃないか、と考えることができるはずです。そうなると、dが「②東京郊外の住宅団地のバス停（最寄りの駅前行き）」ですね。

さらにaは本数が極端に少ないです。この特徴があるのは田舎なので、aは「④人口約5000人の山間部の村のバス停」で、残りは消去法でcが③「人口約10万人の地方都市の駅前のバス停」となります。

この「時刻表」問題と同じように、「日常生活と結びついた学び」に関する東大の入試問題は最近かなり増えています。地域の特産品を使った問題や、学生の遊びや生徒会活動のなかでぶつかるような課題をテーマにした出題、普段の生活のなかでよく見かけるような看板やポスター……日本最高峰の学力を問う試験で「日常生活」からの出題。なかなか謎な現象ですね。一体どうしてそんなことが起こっているのでしょうか？

みなさん、そもそもの質問なんですが、なんで勉強なんてしなきゃならないんですかね？

私は部活動をはじめとして、今も昔もいろんなことに楽しみながら取り組んできた自負があります。だからこそ、そのおかげで知識（認知能力）だけでなく、非認知能力も伸ばすことができたと思います。

しかし、悲しいことに、勉強だけはいまだに楽しいとは思えません。それはなぜかというと、勉強だけは明らかに、主体的に取り組んでこなかったからです。

私は学生時代、やらされて仕方なしに勉強していたな、と思います。なんでこんなことをしなければならないか、勉強する意味がよくわからなかったのです。

おそらくなんですが、この本を読んでいる方々もだいたい、私と同じなのではないでしょうか？「勉強なんてやりたくない」と思いながら学校生活を送り、受験勉強をしていたという人が多いのではないでしょうか？

でも東大生は違うようです。西岡くんと出会ってから多くの東大生と話しましたが、皆、「勉強をやらされたことはない」と答えるのです。この間にあるものはなんなのでしょう？「勉強を仕方なしにやってきた」私と、「やらされたことはない」という東大生。一体何が違うというのでしょうか？

その答えが、「勉強に対する主体性」です。

そもそも勉強って、身の周りのことがわかるようになっていく、楽しい行為であるはずなのです。

国語を学べば、面白い小説が読めるようになる。英語を学べば、洋楽や洋画が見られるようになったり、普段何気なく使っているカタカナ語の本来の意味がわかるようになる。物理を学べば世界がどうやって動いているのかというルールがわかり、経済を学べば世界のお金の動きがわかる。自分たちが生きているこの世界のことがわかるから、そしてそれが楽しいから、私たちは勉強しているはずだったのです。

なのに、それがいつの時期からか、「やらされるもの」「面白くないもの」に変わってしまった。机の上でガリガリとノートに字を書いて、いろんなことを意味もわからず丸暗記していた。でも、勉強ってそんなつまらないものでなくてもいいはずなんです。

机の上だけじゃなくて、普段の生活からも学ぶような姿勢を持ってほしい。そうすれば勉強は楽しくなり、主体的に学べる。だからこそ東大は、時刻表を使った問題をはじめとする、日常に立脚した問題を作っているのでしょう。

こちらも『ドラゴン桜』の桜木建二の言葉を借りましょう。「勉強とは生きることだ」です。

『ドラゴン桜』18巻・166限目「勉強とは?」

詳しい意味は次の見開きから始まる漫画を読んでいただくとして……いかがでしょうか? やはり受験生時代の私は、恥ずかしながらこのように勉強を捉えたことはありませんでした。

「勉強とは先生がいて机に教科書を開いてやるものだ」という意識が刷り込まれ、勉強と日常生活がまったく別物で縁のないものになっていました。

私は別に、勉強が生きる躍動感を与えてくれるとまで大風呂敷を広げるつもりはありません。ただ、勉強は日常生活と密接につながっているという認識を持つべきだというのは、桜木のいう通りだと思います。

「はじめに」で私は、勉強(活動)をス

ポーツ（日常を超えた非日常）にたとえました。しかし、勉強（対象）で得られる知識や考え方（勉強する対象）は、日常生活のさまざまな事象と結びついていることが大切であり、そこから離れていけばいくほど主体的に勉強することも、楽しんで勉強することもできなくなってしまうのです。

「勉強とは生きることだ」を、私なりに言い換えれば「オーセンティック（authentic）に勉強をする」ということでしょうか。オーセンティックは「本物の」という意味になりますが、この言葉を通して私がいいたいのは、いきなり物理の公式を覚えることから始めるのではなく、実際に起きている物理現象を踏まえてその公式の必要性を理解するところから始める……現実世界からかけ離れるのではなく、目の前にある「本物」と勉強を結びつけていくということですね。

「何もかもつながっている」という意識を持つことだと思います。勉強が日常生活に結びついている、と考えるだけではまだ足りないんです。この本で何度もお伝えする通り、「受験勉強は、社会に出た後も活かせるもの」です。「今勉強していることが、ずっと先の自分の幸せにもつながるかもしれない」と考えることでもあります。

ならば一つ
質問しよう
東大生の多くが
小さい頃
どんな勉強を
していたと思う?
小さい頃?
理由はこうだ…
幼児期から塾に
通って勉強を
やり始めると…
ひよこ教室
その子にとっては
塾の教室で
することが
〝勉強〟になる

『ドラゴン桜』18巻・166限目「勉強とは?」

やっぱり早くから専門の塾に通ってお受験の勉強をしてたんじゃない？
ところがそれは不正解
東大生は特別なお受験対策をほとんどしてない
〝勉強〟とは先生がいて机に教科書を開いてやるものだという意識が刷り込まれ…
〝勉強〟と日常生活が全く別物で縁のないものになってしまう

東大生が育った家庭の多くでは勉強と生活が密接に関わっている
例えば子どもを買い物に連れていき野菜の育ち方を教えお金の計算をさせる
高原先生の考え方は子どもを〝勉強〟させるには塾に入れなくてはダメと思う親と同じ
勉強と生活とを切り離して考えている証拠だ

散歩をしながら
雨と雲の関係を説明し
月や星の動きについて
話して聞かせる
勉強と生活が
一体化していれば
様々な経験を積むと
自然に知識が
蓄えられていく

だから
あんたは
教師失格なんだ

PART 02

メタ認知

自分に「マインドコントロール」をかける3つの条件とテクニック

天野くん
数Aやるの?
バカ
場合の数をもう一度
やり直さなくちゃ
数Iも数Aも
全然わかってない
ボクは
バカなんだ
バカに
気づいていない
本当のバカなんだ

『ドラゴン桜2』7巻・55限目「本当のバカ」

1

MINDSET

西岡壱誠

「次の一歩」が意外に難しい。それはなぜ？

東大生はなぜ、「やりたくないこと」でも結果を出せるのか。この問いに対して、【PART1】では「目的がしっかりと設定できていれば、やりたくないことでもやる気になれる」というお話をしました。

最初の一歩を踏み出すトリガーは、何らかの目的意識である、ということですね。

そう、最初の一歩は、これで踏み出せるのです。踏み出せるのですが……実は「次の一歩」が意外に難しいのです。

「やるぞ！」と意気込んでみても、「具体的に何をやればいいか？」がわからない状態だと、なんの努力も積み上げることができない、ということです。

東大を目指さなければ東大に入れないし、高い目標を掲げなければ高い成果は上げられません。それはそうなのですが、目指しさえすれば東大に入れるわけでもありませ

ん。当たり前かもしれませんが、高い目標を掲げたとき、誰もが直面するハードルではないでしょうか。

僕の話をするとわかりやすいと思います。

偏差値35でいじめられっ子だった僕は、担任の先生の一言がきっかけで「東大に行きたい！」と思い立ちました。【PART1】にも書きましたね。

この時点で、僕は最初の一歩を踏み出して、やりたくない勉強をやるための「東大合格」という目標を持つことができたのです。

しかし、みなさんもおそらくわかると思うのですが、「東大に行くことを決心した」からといって、次に何をすればいいかなんてわからないのですよね。

「東大受験向けの参考書とかを買ったらいいのかな？」と考えて書店に行って、「東大」と名のつく問題集のページをめくってみたら、書いてあることがわからなさすぎて目の前に宇宙が広がるような感覚を覚えたのは、今でも思い出せます。東大を目指した途端に挫折です。

目標ができたからといってすぐに努力できるほど、話は簡単ではありません。「じゃあ具体的に何をすればいいのか」という道筋が見えないと、人間は努力できません。

では、どうすればいいのか？ どんな能力があれば、この問題を解決できるのか？

この点を、中山先生から解説していただきたいと思います。

2

MINDSET

中山先生

「次の一歩」を踏み出すカギは「メタ認知」にある

「やりたいことがわからない」――という悩みを持つ若い人は多いですよね。

一方で、「やりたいことはあるのだけれど、そのために何をしたらいいのかがわからない」――という悩みもあって、こちらはどんな世代でも、抱えている人が多くいる悩みです。

こうしたときに、一体どうすれば解消できるのか……。その答えが完璧にわかっていたら、私自身、自分の人生に悩みなんてほとんどなくなってしまうのではないかと思い

「長期計画は立てない。毎日のノルマを決める」

桜木は「夏休みの学習計画で時間割を作るな！」と指示して、水野を驚かせます。時間割にしたスケジュールは「中身が願望の塊になってしまう」からです。計画倒れを避けるためには、長期計画でなく、毎日のノルマを決めたほうが現実的ということ。そのときの気分に合わせてやることを選ぶのもノルマ制のほうがやりやすくて、お薦めです。

ます。

ですが、西岡くんやその友人など、多くの東大生と話すなかで、私は一つ、この答えに近いものが見えてきたように感じています。

東大生は、「自分を他者と比べて相対的に認識する能力」が高いのです。そして、その能力をどうやら、受験を通じて身につけ、高めているようなのです。

西岡くんからもらった「次の一歩」の踏み出し方というお題ですが、『ドラゴン桜2』では、このように解説されています。

「東大合格の秘訣の第一条は……まず『己を知る』ことだ！」

桜木はそういって、東大専科クラスの早瀬菜緒と天野晃一郎に、センター試験の過去問を全科目、解かせます。東大合格に必要なセンター試験の点数はわかっています。では、東大を目指し始めたばかりの自分たちは今、何点取れるのか。自分の学力をデータで把握して、相対的な位置を知り、そこから努力を積み上げさせていく、ということですね。

これこそが、「次の一歩」にふさわしいアクションです。目標ができたら、自分の相

『ドラゴン桜2』2巻・10限目「東大合格第一条「己を知る」」

対的な場所を把握する。これによって、努力を積み上げることが可能になり、物事がうまく進んでいくのです。

相対的、という言葉を何度か使っていますが、これはどういう意味でしょうか？

辞書を引くと「他との比較の上に成り立つさま」とあります。つまり、他者との比較のなかで自分の位置を把握するのが「次の一歩」です。誰かと比べて、自分はどこにいるのか。誰かと比べて、自分は何が足りていないのか。そういう比較のなかで自分のことを知ると、自ずとやるべきことは見えてきます。

東大生は、相対的という意味での「現状分析」が非常に得意です。私が出会ってきた東大生たちは、「自分は今、これができていない」「ここが足りないのだ」というようなことを明確な言葉で説明できる人ばかりでした。この自己認識が行動につながります。

「この能力が相対的に不足しているからカバーしよう」

「ここの分野にできないことが多いから、こう対策しよう」

このように「自分のことがわかっているから、何をすべきかがわかる」という構造は、勉強にかぎらず、仕事や人生のあらゆる場面で非常に多くあると思います。

このような能力を非認知能力として説明すると、「メタ認知」になります。

みなさんは、将棋をやったことがあるでしょうか。

将棋は、自分の駒を動かして、相手の王様の駒（王将・玉将）を取るというゲームですよね。自分の駒と相手の駒が並ぶ盤面を俯瞰して、自分の駒を一手ずつ動かしていくわけです。

受験というのは、将棋に似ているところがあると思います。もっといえば、人生も将棋に似たところがあると思います。

みなさんは受験や人生というゲームを、どういう視点でプレイしているでしょうか？

自分としてベストを尽くして頑張ろう、と思っているうちは、将棋の駒の視点です。「歩」であったり、「桂馬」や「飛車」であったり、あるいは「王将」だったりする「自分」が、盤面を歩いていく意識でしかありません。それでは将棋にはなかなか勝てませんよね。

みなさんが自分の人生という名の将棋をプレイするときは、駒ではなく、「棋士」でなければならないのです。盤面を俯瞰してプレイしていかないと、絶対に勝てません。

この、「俯瞰して物事を見る」能力こそが、「メタ認知」です。

「ToDo＋所要時間」のリストをつくる

前々ページで紹介した「ノルマ制」を選んだ場合、1日の「ToDo」リストを用意することになります。その際にお薦めなのが、それぞれのToDoの所要時間を予測して、横にメモしておくことです。例えば、「メールチェック30分」「資料作成2時間」など。そのときの気分や空き時間に合わせた調整が、よりやりやすくなります。

自分がほかの誰かからどう見えるかを意識したり、ちょっと俯瞰したところから自分を見るように意識したりして、他者との比較のなかで自分の行動を鑑みる。

このような「駒ではなく棋士として物事を見る能力」というのが、東大生は高いと感じます。だから現状分析をして、具体的な行動が取れるのです。

「自分が置かれている客観的な状況＝盤面」がどうなっているのかというのは、「駒」であるうちは気づきません。常に、「自分の状況＝盤面」を俯瞰しつつ行動していくことが求められるのです。

さて、ここからは、また西岡くんにバトンタッチして、東大生がいかにして「棋士」として成長していくのかついて解説してもらおうと思います。

3

MINDSET

西岡壱誠

「メタ認知」の使い方と3つの前提条件

使い方

自分にマインドコントロールをかけよう

突然ですがみなさんは、マインドコントロールの手法をご存知でしょうか？

悪徳商法で高額な健康商品や会員権を売ったり、カルト宗教が信者を増やしたりするのに、どのような手法を使っているのか、みなさんは知っていますか？

いきなりこんな話をして、「何をいってるの？」と思うかもしれませんが、実は東大生たちの勉強法と、悪徳商法が使うマインドコントロールの手法は共通項がすごく多いのです。

マインドコントロールの手法は、大きく分けて3段階から成るといわれています。

1段階目は「現状把握」。相手が今、どのような状態にあるのか。どのようなことに不満を持っているのか。これを言い当てるのだそうです。

「人間関係がうまくいっていない」だとか「お金が足りない」「健康に不安がある」といった卑近な悩みは、結構、多くの人に当てはまりますから、このあたりから鎌をかけて手応えがあれば、そこを掘り下げていくのだそうです。

2段階目は「理想描写」。相手が理想とする状態というのを提案したり、聞き出したりします。

例えば「恋人がほしいよね」とか「1億円くらい貯金があったら最高だよね」とか、その人の悩みを裏返すように「こうなれたらいいよね」という理想状態を描写して、相手の関心をひくわけです。

そして、「現状」と「理想」がセットになって、そのギャップのなかで相手が思い悩み始めたら、次のステップです。

3段階目は「理論提供」。「実はそのギャップ、こうしたら埋められるよ！」と、現状から理想に移る方法を相手に提案します。「こういうふうにすれば、あなたも理想の状態になれますよ！」というプレゼンをするのです。

その際に「支援の表明」と「細かい目標設定」をします。「私たちはあなたを支援しますよ！」「こういうふうにステップを踏めばいいのですよ！」「この5ステップで、大金が手に入るのです！」「とりあえず、まずはあなたの友達5人にこのセミナーを紹介しましょう！」というふうに。

これによって、「そういうことならやってみようかな」と相手に思わせて、行動に移させる……というのが、マインドコントロールでは定番の手法なのです。

みなさんはこの話を聞いて、どのように感じましたか？

僕がこの話を聞いたときに思ったのは、「東大生には、このマインドコントロールの手法を自分に対して実践している人が多いな」ということでした。

「現状を知る」「目標を立てる」、そして「方法論を構築する」。この3段階を踏む手法というのは、東大生はもちろん、そのほかの難関を突破した人や社会に出て成果を上げている人たちは皆、多かれ少なかれ、実践しているものだと思います。

先ほど、中山先生から、桜木が「己を知る」ために、センター試験の過去問を早瀬と天野に解かせたエピソードを紹介しました。あれは、「現状把握」にほかなりません。

まるで回転寿司！
センター試験は流れてくる問題を片っ端から片付けるスピードがないと攻略できない！

『ドラゴン桜2』2巻・11限目「センター試験」

センター試験の過去問を解けば「自分は今、何点なのか」という数字が具体的に出てきますよね。そしてそれと同時に、「志望校に合格するには何点必要なのか」から逆算して、「あと何点、自分は取らなければならないのか」ということがわかります。これは、「目標＝理想」と「現状」との「ギャップ」を知るということにほかなりません。

その後、早瀬や天野は、この「現状と理想のギャップ」を埋めるために、どんな勉強をすればいいのかという「理論提供」を水野から受けて実践していく……という流れになっていきます。

……わかっていただけますでしょうか？

これはマインドコントロールの手法とまったく同じなのです。

なぜ東大生が膨大な量の問題を、膨大な時間を費やして解き、膨大な勉強の末に目標を達成できるのかといえば、「自分をうまく操っているから」だと思います。詐欺師が人の心を操るのと同じように、自分で自分の心を操っているから、東大生はやりたくないことをやり続けられるのです。

『ドラゴン桜2』で、水野もいっています。自分の脳を「努力できる脳」にする「ある方法」がある、と……。

それは自分の脳を騙《だま》すこと
脳を騙す？
努力ができないのは脳の島皮質という部分が
キイ
CAN NOT
CAN NOT
「そんなことしても無駄だよ」「面倒だからやめよう」とブレーキをかけることが要因なの

『ドラゴン桜2』7巻・48限目「努力できる脳・できない脳」

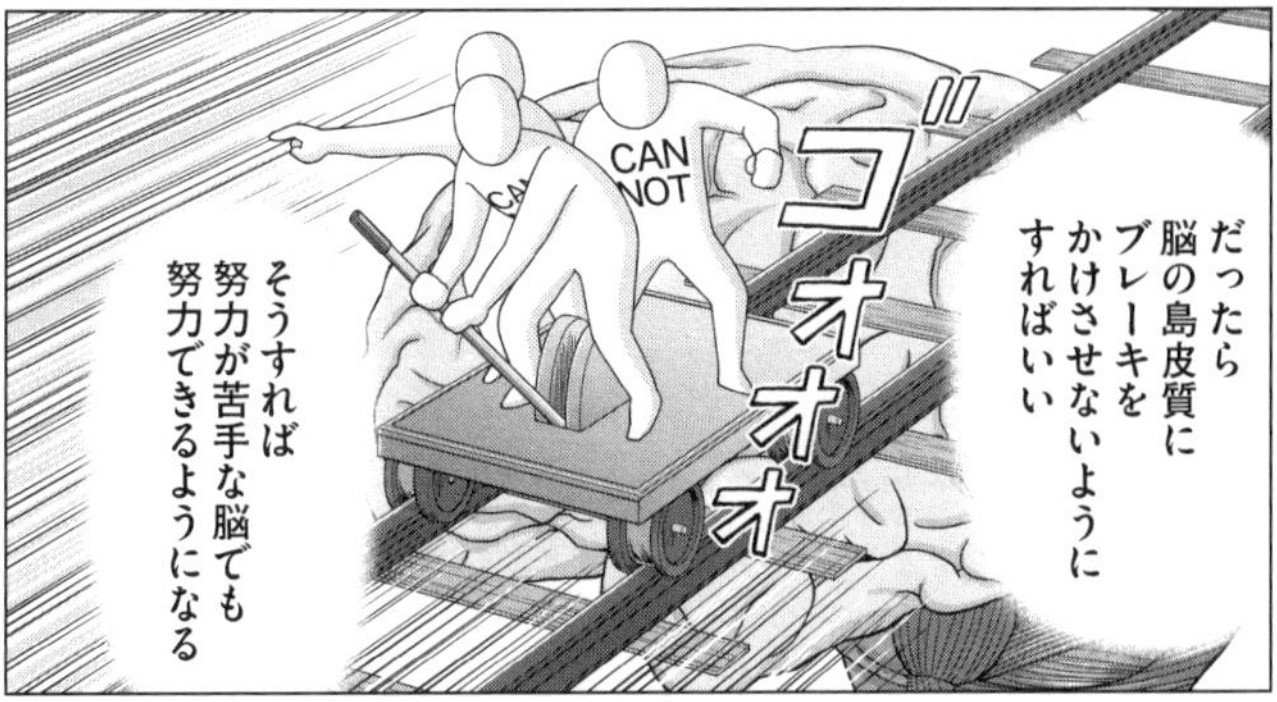
だったら
脳の島皮質に
ブレーキを
かけさせないように
すればいい
ゴオオオ
CAN
NOT
そうすれば
努力が苦手な脳でも
努力できるようになる

『ドラゴン桜2』7巻・48限目「努力できる脳・できない脳」

「それは自分の脳を騙すこと」

みなさんにも経験があるはずです。

繰り返しになりますが「目標のために努力している」という感覚があれば、人間は努力を続けることができます。

逆に「こんなことを続けていて、目標を達成できるのかな?」「今、自分がやっていることは、無駄になってしまわないかな?」という疑問が湧いてくると、努力を続けることができなくなってしまいます。

そんな経験はありませんか?

サッカーや野球をしている子どもが、準備運動や走り込みを嫌がることがよくありますよね。あれは、準備運動や走り込みが、一見すると試合とは関係がなさそうに思えるからです。準備運動がうまくなったからといって、ボールを蹴るのがうまくなったり、ヒットが打てるようになったりするとは思えません。だから試合に出てシュートを決めたいとか、ホームランを打ちたいと思う多くの子どもは、「準備運動なんかいいから、練習試合をやろうよ！」とか「走り込みはいいから、打撃練習しようよ！」と言い出すのです。試合で活躍するという「目的」にダイレクトにつながりそうなことをしたいと思うわけです。もちろん準備運動や走り込みは重要で、これを疎かにして体を痛めたら試合も何もないわけですが、そこまで想像力を働かせるというのはかなりレベルの高い話です。だから、なんとなく「やりたくないこと」に分類されてしまいます。

みなさん、この1週間を振り返ってみてください。この1週間でみなさんが「やりたくない」と感じたことはなんですか？……これは僕の想像なのですが、今、みなさんの頭に浮かんだ行動というのは多分、「これが目標につながっているとなかなか感じにくい」ものだったのではないでしょうか？

プレゼン資料一つつくるのでも「これは絶対イケる！　商談を勝ち取れて、もしかしたら給料が上がっちゃうかもしれない！」と思っていたら、あんまり苦にならないと思います。でも、そうやってノリノリでプレゼン資料をつくっているときに突然、電話が鳴ったら、「チッ、後にしてくれよ」とイラつくでしょうし、上司から「飲みに行かない？」と誘われたら、「うーん、今日は行きたくないなあ」と思うでしょう。電話に出たり、飲みにいったりするのが嫌になるのは、今、目標にしていることにつながらない感覚があるからです。

けれど「どんな些細な問い合わせにもしっかり対応することが、自分への信頼につながる」と思っている人はどうでしょう？「上司とのコミュニケーションをよくすることが、やりたい仕事ができることにつながる」と思っている人はどうでしょう？やりたくない気持ちの度合いは、変わってくるのではないでしょうか。

「今やっていることは、きちんと自分の思い描いた理想につながっているのだ」

そういう意識があれば、どんなことでも「やりたくない」とはならないはずです。だから、悪徳商法と同じテクニックで自分を洗脳し、マインドコントロールをする。これが、東大生の定番テクニックです。

自分にマインドコントロールをかけるのに不可欠なのは、「逆算して思考すること」です。今、自分がやるべきことを、ゴールから逆算して明らかにすることが重要です。

みなさんは、カーナビを使ったことはありますか？　クルマの運転をしない人なら、電車の乗り換え案内でも構いません。

どちらにしても「どこかに行きたい」と思ったら、まずは「目的地」を入力しますよね？　富士山に行きたいなら「富士山」と、北海道に行きたいなら、例えば「新千歳空港」と入力して、目的地を決めますよね。目的地がなかったらどこにも行くことはできません。「うーん、ここらへんかな……」という感覚で、ぶらぶら歩いていたら、いつの間にか富士山の頂上だった、なんてことはあり得ませんよね。富士山の頂上に行きたいのなら、「富士山の頂上」と目的地を具体的に設定しておく必要があるのです。

これが、【PART1】でやった「目標設定」です。

そしてこの【PART2】でやるべきは、「現在地の入力」です。

東京駅にいるなら「東京駅」と、香川県なら「高松駅」だとか入力する。逆に「今、自分がどこにいるのか」がわからないと、どこかに行こうにもどうやって進めばいいかわからないですよね。富士山の頂上に行きたいときに、北海道にいるなら南に行くべきだし、大阪にいるなら東に進むべきです。でも自分がどこにいるかわからない状態では、どうすることもできなくなってしまいます。

だから今いる場所がどこなのかを知る必要があるのです。

そうやって「目的地」と「現在地」をカーナビに入力すると、ルート案内が出て来ますよね。現在地と目的地がわかれば「そこまでの道のり」がどうなっていて「最短ルートはどの道か」は、自ずとわかるようになると思います。逆に「こっちの道は行かないほうがいい」「こっちに進むと無駄な努力になる可能性が高い」といったことも理解できるようになりますよね。

そうなれば、正しい道を進んでいる間に「いや、この道は進みたくないなあ」とは思わないはずです。

「この道を進むのは、あの目的地に行くためだ」

「ちょっと疲れてきたけど、ここまできたのだから、もう少しで目的地に着くはずだ」

この「自分の努力が目的地とつながっているという感覚」「自分の努力が無駄にならないことが保証されている感覚」こそが、東大生を「やりたくないことでも頑張れる、努力の天才」たらしめているのです。

「インプットとアウトプットの黄金比率は3:7」

『ドラゴン桜2』では、早瀬は英語でツイッターをやり、天野はユーチューバーになります。その根拠として桜木は、コロンビア大学での実験結果を挙げます。勉強の黄金比は「インプット：アウトプット＝3：7」。本を30分、読んだなら、その本で得た知識を誰かに教えたりするのに70分使うのがベストということです。

条件1

素直で謙虚

さて、目標を立てた後に、自分のことをしっかりと見つめて「現状分析」をする必要があるのはなぜかを、ここまで説明してきました。わかっていただけたと思います。

現状分析するには「メタ認知」という非認知能力が必要です。

そして、これから、メタ認知を持つために不可欠な「条件」について説明します。

ですが、ここで一つ白状させていただきますと、僕は非常に気が重いです。この説明をするのは正直なところ、気が進みません。というのも、今からお話ししなければならないのは「性格が悪いと現状分析ができない」「西岡という人間は、性格が悪かったから2浪した」というお話です。

『ドラゴン桜2』に、藤井遼というキャラクターが登場します。この藤井のモデルは、僕です。僕が三田先生に「なんで西岡壱誠という人間は2浪をしたのか」ということをプレゼンして生まれたキャラクターが藤井です。

『ドラゴン桜2』12巻・91限目「これっぽっちも」

本当に たまたまと 思うか……
うるせえよ！
お前…… このままだと 東大入試に 失敗するぞ
決めつけんな！

天野《あまの》は受かり
お前は落ちる
最悪だな
天野なんか
受かるわけ
ねえだろ！
受かるよ

『ドラゴン桜2』12巻・91限目「これっぽっちも」

そのとき、僕が何を三田先生に話したのかというと、「西岡は性格が悪かったから、東大に2回も落ちました」という話です。「性格」と「受験」。「そんなの関係ない」と思うかも知れませんが、大いに関係あります。

受験に成功するには、まず「素直」でないとダメです

「現状分析」が大事であるという話をずっとしてきましたが、自分のことを「現状分析」するのはすごく難しいです。

だって、悪い試験結果なんて見

『ドラゴン桜2』12巻・91限目「これっぽっちも」

たくないじゃないですか。

藤井もそうですが、僕は模試で悪い結果が出ても「今回はたまたま」なのだとごまかしていました。逆に、たまたまいい結果だった模試のほうを「自分の実力だ」と考えて、ダメな結果と向き合いませんでした。自分のいいように事実をねじ曲げ、失敗と向き合うのを避けていました。それが原因で、僕の成績は伸び悩んでいたのです。

早瀬と天野も、試験の点数が出て自分の実力がわかってしまうのを恐れ、嫌がっていました。まさ

ムカつく人と、あえて付き合ってみる

荒療治ですが、話していて「なんかイライラするな」と思うような友達と付き合うのも、メタ認知の向上に役立ちます。『ドラゴン桜2』の藤井は、天野のことが何となく目障りで「ムカつく」と思っています。この感情を藤井が直視して、なぜイライラするのかをしっかり考えれば、自分の弱点やコンプレックスが見えてくるはずです。

にその通りで、自分の「できていないところ」なんて、誰も知りたくないものです。これこそまさしく「やりたくないこと」です。

それでも、そのつらさを受け入れて「現状分析」をしたり、自分の「できていないところ」を知ったりしようとする人というのは、「素直」で「謙虚」です。

自分の至らないところと、向き合おう。

自分にできていないところがあるなら、直そう。

そういう意識を持って生きている人じゃないと、現状分析はできないのです。

性格が素直でないために現状認識がゆがむと、その先でさらに重大な問題が発生します。「現状と理想のギャップを埋める方法論」が、うまく構築できなくなるのです。現状認識がズレているから当然といえば当然ですが、例えば、参考書や問題集を選ぶとき、ちょっと背伸びをしたものを選んでしまいがちです。それで問題が解けなくても、答えを見て「これでわかった、大丈夫」とごまかしてしまったりします。それで成績が伸びるわけがないですよね。

条件2

他者視点

試験には出題者がいて、採点者がいます。『ドラゴン桜』では、桜木たちが東大を目指す受験生たちに、出題者や採点者の気持ちを理解させようとする場面が多く出てきます。自分で東大入試の問題をつくらせたり、採点のしやすさという視点で正解を導くテクニックを教えたり、後輩のクラスで教壇に立たせてみたり。このようなトレーニングを通じて、水野や矢島、早瀬や天野は他人の視点に関心を持ち、理解するようになっていきます。

受験勉強というのは、自分が「正解できた」と思うのでは不十分です。出題者、採点者の視点から見て「正解」と評価できる答えを出せているかが問われます。

仕事も、そうですよね。自分の仕事を評価するのは自分ではなくて、上司だったり取引先だったり、顧客だったりしますよね。自分の評価で「自分はちゃんとできている」と考えるのは、あまりにも傲慢なことです。

『ドラゴン桜2』11巻・87限目「考えはいらない」

何を隠そう、この僕は、そこができていませんでした。藤井もそうです。

高校時代の僕は、先生から忠告を受けても無視したり、ほかの生徒を見下したりしていました。「この授業は受験に関係ないな」と思ったら、内職したり、寝ていたりして、それを怒られると、怒られたことに怒り返して、といったことを繰り返していました。

受験に関係ない授業で内職しても、受験に響かないのでは？ そう思う人もいるかもしれませんが、違うのです。内職していれば先生が不愉快になるという他人の気持ちを無視していたから、僕は2浪もしたのです。他人から見て自分がどう映るか、客観的に見て今の自分がどうなのかというメタ認知が決定的に欠けていたからです。

性格が悪いと東大に受からないのには、「他者視点が欠けている」からという側面もあるのです。

納得できない人もいるかもしれないので、また僕自身の話をします。

高校3年生のとき、偏差値35から東大を目指すと決めて猛勉強を始めた僕の成績は、現役生の間は結構、伸びました。偏差値35からのスタートなのだから当然かもしれませんが、この勢いならば一浪すれば東大に合格できると思っていました。ところが浪人生になった途端、成績が伸び悩み始め、2浪することになりました。

なぜでしょうか？

今ならばわかります。

東大に合格するには、記述式の問題で高得点が取れないといけません。僕が伸び悩んだのはここでした。

記述式の問題では、自分の書いた文章が、出題者や採点者の視点に立って「正解」と評価され得るものであるかを考える必要があります。他者視点です。『ドラゴン桜2』で国語を教える太宰府治先生は「君たちの考えはいらない！」と叫びますが、その通りです。僕たちの主観や意見を尋ねられているわけではないのです。

しかし、高校時代、学校の先生の忠告を無視したり、ほかの生徒を見下したりしていたような僕には、他者視点に立つメタ認知の力が圧倒的に欠けていました。

2浪した年に僕が心を入れ替えて強化したのは記述式問題であり、他者視点で、だからこそ時間はかかっても東大生になることができたのです。

『ドラゴン桜』11巻・101限目「現代文はいい加減であれ」

採点者で誤差が
あっては
いけません
答えが一つに
統一されてないと
公平性を保った
採点ができません
あ…
そっか…
国語って
個人の色々な解釈で
色々な答えが
あると思ってた
自分はこう考えてると
言えばいいのかと
思ってたけどそれじゃ
ダメなんだな
その通り…
作成者が用意した
答えを書かない限り
点はもらえないの
ですよ
ではなぜ
国語の答えは
色々あると
思ってしまうのか

条件3

型の重視

大学受験で失敗する性格の悪さの3番目は、「他人のやり方を真似できない」です。これが一番、厄介かもしれません。

例えば、「センター試験の数学の得点が20点足りない」という現状分析ができたとして、20点上げるのにどんなアプローチを取ればいいか。すぐに答えは出ませんよね。そういうときに頼りになるのが、他人です。まず他人を真似する。同じように名門大学に合格するために努力している人たちがどんな方法で頑張っているのか。知り合いにいなくても、ネットで調べるだけでいくらでもモデルケースが出てくるはずです。

でも、他人を馬鹿にする心があったり、自分のやり方に固執したりしている人は、誰かを真似たり、頼ったりできません。最初に挙げた「素直で謙虚」とも重なりますが、性格が悪いと、自分を直視できないだけでなく、他人を頼ることもできないわけです。

先ほど中山先生が、「将棋の駒でなく、棋士になるのがメタ視点」だと説明されていました。

小杉《こすぎ》さんを
徹底的に真似て
東大
行くぞ！

『ドラゴン桜2』12巻・93限目「ランナーズハイ」

1浪するまでの僕や藤井は、将棋の「駒」でしかなかったんです。「ほかの人はどうやっているのだろうか？」「他人と比較して、自分はどういう立ち位置にいるのだろうか？」という視点がない状態で、ただ自分の意思を貫き通してやりたいようにやっている。それは「駒」として盤面を自由に動いているだけなのです。それで王将の周りが手薄になってゲームに負けそうになっていても気づかないわけです。それじゃあ、落ちますよね、東大。

そんな僕も2浪が決まってさすがに反省しました。「ああ、自分は本当にダメだな」「僕のやり方じゃダメなのだな」「もっと謙虚にならないとダメだな」……。要するに「このやり方ではいつまでたっても東大に合格できないのではないか」と思ったのです。

そこで僕も覚悟を決めて、東大に合格した友達や周りにいた頭のいい人たちを頼ることにしました。「ノートを見せてくれ」「どんなふうに勉強しているのか教えてくれ」と聞きまくりました。頭を下げて、謙虚になって、自分のやり方を見つめ直そう、と。

あのときに僕は、駒から棋士になったのだと思います。

頭のいい人たちのやり方を知って、それまで自己流でやっていた勉強法と全然違うことに驚きました。頭のいい人たちのやっていることを見様見真似で実践していくうちに、成績が上がってきました。

けれど、頭のいい人たちのやり方がどうすごいのかがわかってきたのは、ずっと後になってからです。後からわかったすごさの一つが、先ほどの「他者視点」で、これに気づいたときには、自分の性格の悪さがほとほと嫌になり、猛烈に反省しました。

三田先生はよく「個性を捨てろ！　型にハマれ！」といいます。桜木もいっていますよね。

「悔しくても二度とやり直しができない」

同じような立場にある人同士で話すのは、盛り上がりやすいですが、疲れるときもあります。たまに自分と違う世界に住む人と話せるといいですよね。早瀬は夏休みに、野球部を引退して東大を目指す大場隼人と出会い、「悔しくても二度とやり直しができない」という言葉に刺激を受け、「今この時を大切にしよう」と思うようになります。

『ドラゴン桜』2巻・12限目「東大と京大」

「〝カタ〟がなくてお前に何ができるっていうんだ」

その言葉が象徴するように、東大生はとにかく「型」で勉強します。東大合格までのメソッドも、論文もプレゼンも卒業後の仕事も、とにかくまず「型」を学ぼうとします。「型」が身につけられるような本を好んで読んで勉強します。

まずは自己流でなく、頭のいい人の真似をする。自分のスタイルをつくっていくのは、その後でいい。

頭のいい人ほど、「型」を重視して学んでいます。「型」を学ぶというのは、過去に成功してきた人を真似するということです。

自己流をやめる。自分のやりたいやり方ではなくて、成功している人のやり方でやる。東大生の「性格のよさ」というのは、そんな素直で謙虚な姿勢のことです。

4

MINDSET

西岡壱誠

メタ認知力を高めて行動に移す3つのテクニック

ここからは、どのようにして「現状把握」と「理想描写」をして、この2つのギャップを埋める「方法論の構築」をしていくのか、です。

「理想描写」とは、目標を立てることで、【PART1】でやりました。だから、この章でやるのは、「現状把握」と「方法論の構築」です。

「方法論の構築」をするときには、【PART1】でつくった「3種類の目標」を使います。復習しておきましょう。

- **状態目標：「こうなりたい」という、自分の「ありたい姿」**
- **行動目標：「こんなことをしたい」という行動**
- **数値目標：「いつまでに、何を、どのくらいやるのか」**

ですが、実はもう一つ、それ以前の問題として、やっておくべきことがあります。

テクニック１ ３ステップで目標の粒度を下げる

そもそもの話です。この章で解決すべき課題は「やるべきことがわからない」ですが、その原因には、いろいろなものがあります。

【ＰＡＲＴ１】では、「目標がない」という問題を取り上げましたが、これも「やるべきことがわからない」の原因になり得ます。

【ＰＡＲＴ２】では、目標があるけど「現状分析ができていない」という問題について説明してきました。

が、一見すると「現状分析ができていない」ように思われるケースのなかに、別の大きな原因が隠れていることがよくあります。

それは「目標が具体的じゃない」です。

先ほど「目標があるけど、現状分析ができていない」といいました。でも、あるはずの「目標」がすごく曖昧で、これでは「目標がないも同然」ということがよくありま

す。

僕は、受験生からお悩み相談を受けることが結構あります。自慢みたいに聞こえてしまうと嫌なのですが、「お悩み」の内容で、その子の学力がわかるところがあります。

「英語がわかりません！　どうしたらいいですか？」と質問する子は、学力が低い可能性が高いです。この質問は、すごく漠然としていますよね。英語のどこがわからないのかがわかりません。こういう子は、そもそも英語の勉強をあんまりやっていないということが多いです。

学力が高い子は「英語の長文問題で、関係詞が複雑でどこにかかるのかがわからないときに突っかかるんですよね」と、具体的で分解された悩みをぶつけてきます。

頭がいい人というのは、問題を細かくすることができます。だから、次に自分が何をやらなければならないかがわかるのです。

例えば、誰だってテストで「いい点が取れればいいな」と思っているものですよね。でも、その「いい点」って、何点なのでしょうか？

60点？　80点？　それとも100点じゃないとダメですか？

これを考えずに勉強している人は意外に多いです。どの科目のどの分野のどの問題で何点を取りたいのかが、明確になっていないのです。それが原因で、ダラダラした勉強になってしまっているという人は、とても多いと思います。

僕もそうでした。漠然と「いい成績が取りたい」とだけ考えていて、成績が伸び悩んでいました。頑張って努力しても、そもそも目標が明確でないから、成績が伸びない。そういう高校生は結構います。仕事でも、何を達成したらいいのかがよくわかっていなかったら、努力しても張り合いがなくて、ダラダラしてしまう気がします。【PART1】の「ゲーム化」で、「クリア条件を明確に」と強調しました。これも目標が具体的なほうが、戦術を組み立てやすいからです。

大切なのは、目標を分解して考えることです。「英語で70点取りたい」ではなく「長文読解で30点、英文和訳と英作文がそれぞれ20点で、合計70点」と、分解して定義するということです。「コミュニケーションスキルを高めたい！」ではなく、例えば「提案営業で使える質問の能力を向上させたい」と定義したら、どうでしょう。

こんなふうに、目標を細かく、細かく、常に分解して思考しているからこそ、次にやるべきことがわかります。逆にいうと、今、次にやるべきことがわからなくて動けないとすれば、そもそもの目標が漠然としている可能性があると思います。

というわけで、まずやらなければならないのは、目標の「分解」です。「3つの目標」で設定した目標を、さらに分解して、粒度を下げていきましょう。

STEP1　状態目標の達成に必要な具体的な要素を5個以上、書き出す

例：コミュニケーションスキルを高める
↓初対面の人とも会話できる
↓人前でも物怖じせずに話せる
↓相手の立場に立って会話できる
↓ユーモアのセンスがある
↓話した相手に好印象を持ってもらえる

STEP2　状態目標の達成に役立つ行動目標を5個以上、書き出す。STEP1で書き出した、具体的要素を参考にする

例：コミュニケーションスキルを高める

→初対面の人と会うような勉強会や交流会に参加する
→TEDの動画を見てプレゼンの技術を学ぶ
→「相手の立場に立って考える」ことに役立つ本を読む
→「ユーモアのセンス」が磨かれる本を読む
→「好印象を与える」ことに役立つ本を読む

STEP3　STEP2で書き出した行動目標を、数値目標に変える

例：コミュニケーションスキルを高める
→勉強会や交流会に月1回参加する
→TEDの動画を週に1本見て、使える技術をノートに5個書き出す
→「相手の立場に立って考える」ことに役立つ本を月1冊以上読む
→「ユーモアのセンス」が磨かれる本を月1冊以上読む
→「相手に好印象を与える」ことに役立つ本を月1冊以上読む

こうして、漠然としていた目標をどんどん分解して、粒度を下げていくのです。

さらに「この日にこれをやる」と、スケジュール化するのもいいでしょう。「この日までにこれをやる」というノルマ化のテクニックも使えます。

テクニック 2 「得意・不得意×できた・できない」マトリクスで優先順位づけ

先ほどの手順で「3つの目標」を細かくしていけば、具体的な「やるべきこと」がたくさんできます。これらに優先順位をつけていけば、「現状分析」になります。

ここで使うのが「得意・不得意×できた・できない」マトリクスです。『ドラゴン桜2』で紹介されている「受験マトリクス」のことです。これはもう、漫画を見ていただくのが早いので、次のページからの漫画を読んでみてください。

漫画では、センター試験の問題をマトリクスで分類していますが、このマトリクスの応用範囲はすごく広いです。人間のすべてのスキルを分類できると思います。

白紙のマトリクスを171ページに用意しました。

この後、ご紹介する手順で、みなさんもぜひチャレンジしてください。

『ドラゴン桜2』3巻・18限目「ミスをなくせ!」

シートと
付箋を配る

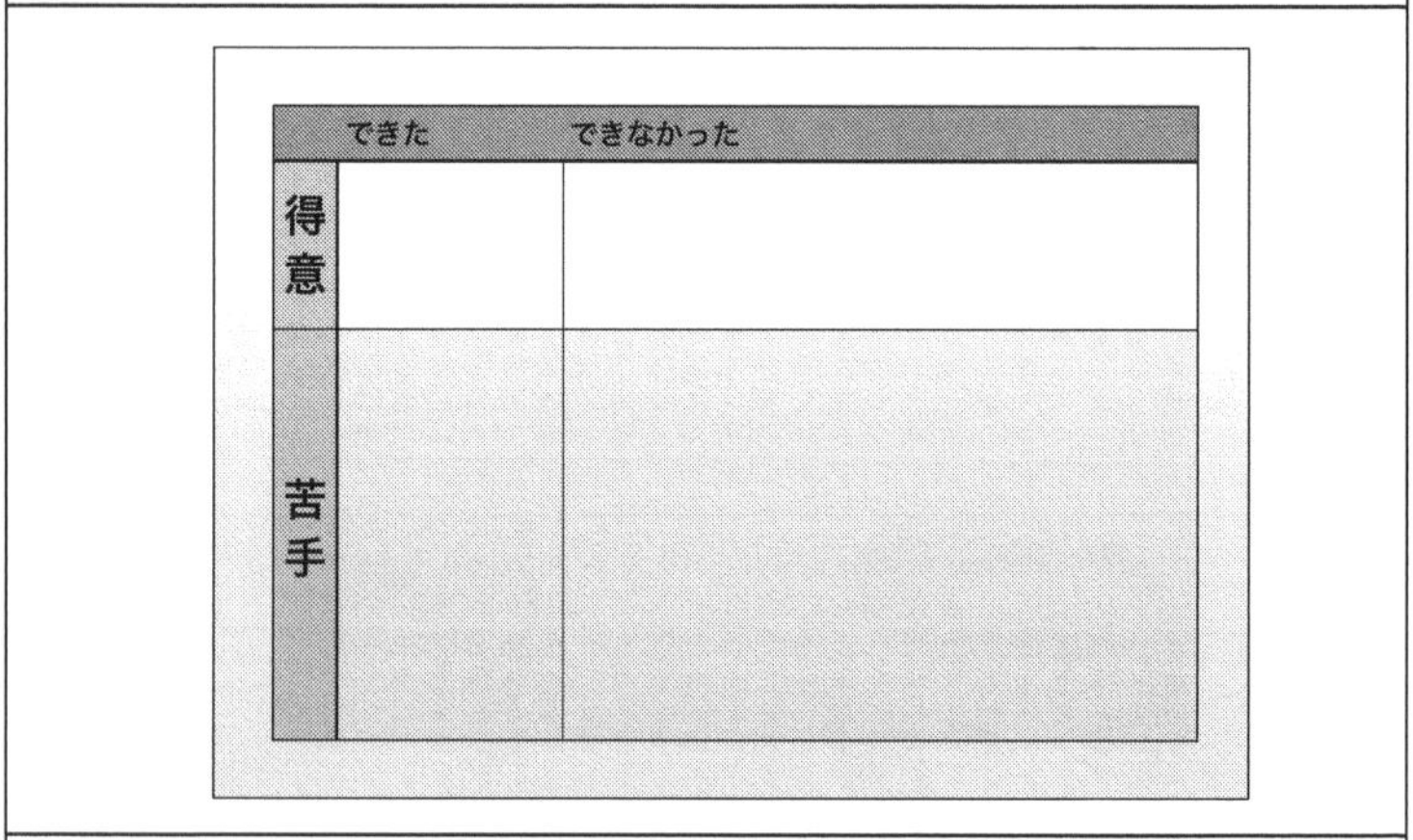
できた
できなかった
得意
苦手

センター試験の問題と解答を用意して……
できた問題とできなかった問題をチェックする

例えば天野《あまの》
2次関数が正解であれば
付箋に2次関数と書いて
……
得意であれば
……
「できた」「得意」の
ゾーンに貼る
できた
得意
苦手
2次関数
確率が不正解であれば
付箋に確率と書いて
……
確率
苦手であれば……

「できなかった」「苦手」のゾーンに貼る
できた
できなかった
2次関数
確率
苦手
これを一問ごとに繰り返し 全問題をチェックしてシートを完成させる
やり方は簡単だろ
作業を全て終えると

できた
できなかった
得意
苦手
2次関数
平面図形
場合の数
高次方程式
三角関数
論証・証明
命題と証明
確率
データの分析
論理と集合
こんなイメージだ
できたらスマホで撮る
カシャー

この写真が
現時点での学力
ということになる
できた
できなかった
得意
苦手

『ドラゴン桜2』3巻・18限目「ミスをなくせ!」

「得意」と「苦手」というのは、主観的な自分の判断です。一方で、「できた」と「できなかった」というのは客観的な自分の評価です。

このマトリクスで分類すると、自分の主観的な評価と客観的な評価がどこでズレているのか、そしてレベルアップのためには次に自分は何をすればいいのかが一目瞭然になります。あとは、客観的に「できなかった」ことを潰していけばいいわけです。

「自分のことを現状分析できるのは、素直な人だけだ」という話をしました。その理論でいくと「自分のことは自分が一番よくわかっている」という言葉は当たっていないということになります。僕の体験からも、自分のことを自分でわかっていないことのほうが多いと思います。「自分は

●「得意・不得意×できた・できない」マトリクス（受験マトリクス）

	できた	できない
得意		
不得意		

これが得意だ！」と思っていたところでつまずいたり、「これが苦手分野だ！」と思っているところが案外できていたり。自分のことが意外とわかっていない。これは本当によくあることだと思います。

それに対してこのマトリクスは、「自分が考えている自分」と「本当の自分」との乖離を埋めてくれるもの。つまりは「自分のことを自分がわかっている」のかどうかを確かめられるツールです。

で、このマトリクスは「人間のすべてのスキルを分類できる」といいました。

そこでまず、みなさんが「状態目標の達成のために必要な要素」として書き出したもの（162ページ）を「スキル」に、置き換えてみてください。

例：コミュニケーションスキルを身につける
↓初対面の人とも会話できる↓初対面の人と話すスキル
↓人前でも物怖じせずに話せる↓人前で堂々と話すスキル
↓相手の立場に立って会話できる↓相手の立場に立つスキル
↓ユーモアのセンスがある↓ユーモアのスキル

↓話した相手に好印象を持ってもらえる↓好印象を持ってもらうスキル

このように「状態目標の達成のために必要な要素」を「スキル」に置き換えたら付箋に書き出します。そして、「受験マトリクス」と同じように、「得意・不得意」「できる・できない」で分類して、マトリクスに配置していくのです。

ここで難しいのは、客観的な「できる・できない」の判定です。社会人のスキルには、点数で測るテストがありません。では、どのようにして客観的なデータを取ればいいのかというと、「他人に聞いてみる」のが一番です。

他人から見た、あなたの「できている・できていない」を聞き、それを横軸に置く。あなたが思うあなたの「得意」「苦手」を縦軸に置く。これで、どんな分野でも、主観と客観のズレを把握することができるようになります。

「え!? これは得意だと思っていたけど、ほかの人から見たらできてないんだ！」

「そうか、これは苦手だと思っていたけど、案外なんとかなっているんだ！」

と、どんな人でも必ず発見があるはずです。

さて、マトリクスをつくったら、できていないことや苦手なことを潰すべく、行動を開始します。では、最初に取り組むべきは、次のうちどれでしょう？

1：得意×できた
2：得意×できなかった
3：苦手×できた
4：苦手×できなかった

正解は、漫画をご覧ください。

『ドラゴン桜2』3巻・18限目「ミスをなくせ!」

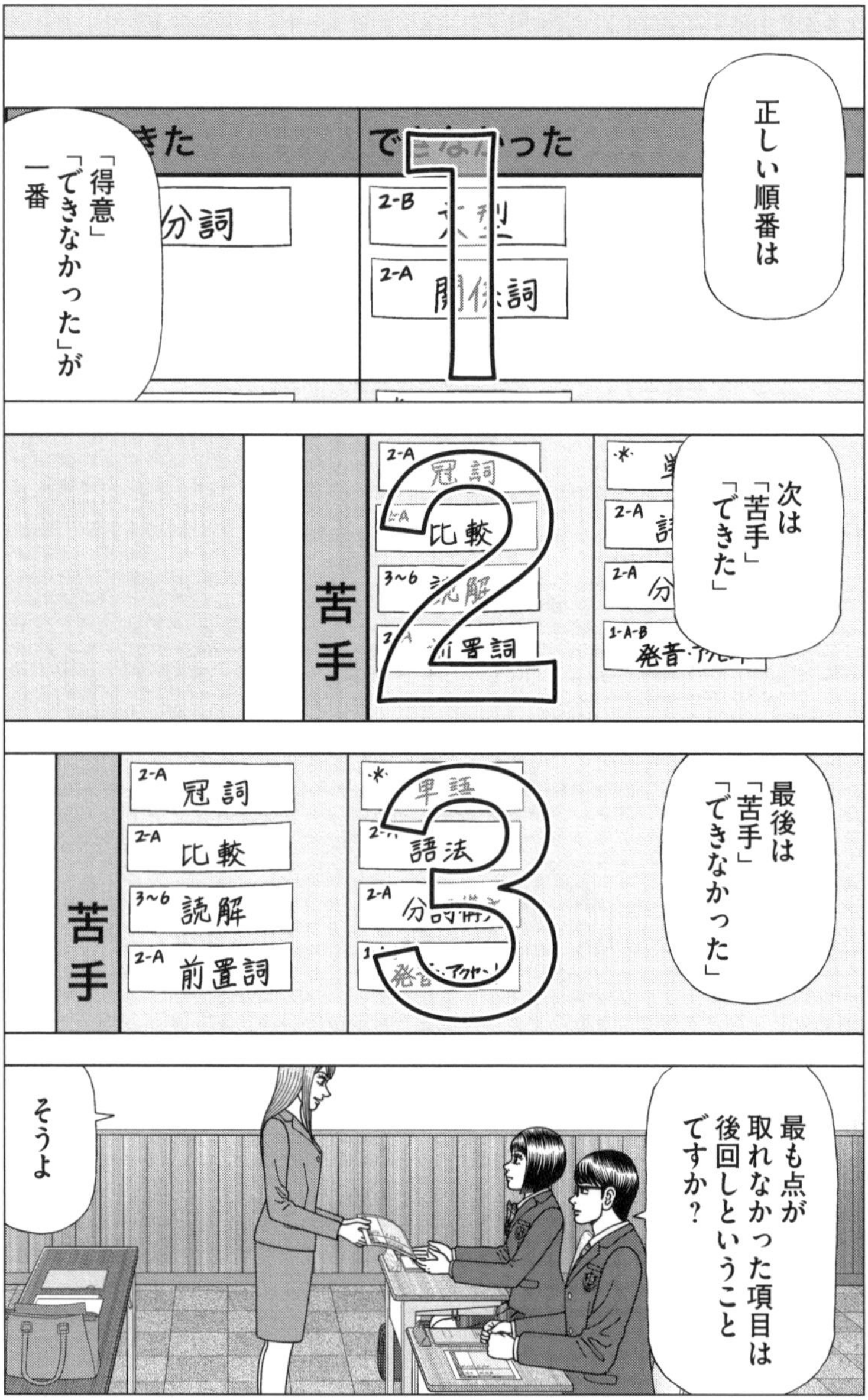
正しい順番は
「得意」「できなかった」が一番
2-A 比較
苦手
次は「苦手」「できた」
2-A 冠詞
2-A 比較
3~6 読解
2-A 前置詞
苦手
語法
最後は「苦手」「できなかった」
最も点が取れなかった項目は後回しということですか？
そうよ

「苦手」「できなかった」を克服するのは大変……
はじめにここでつまずくと勉強意欲が急激に下がってしまう
受験勉強にスムーズに入るためにはまず得意分野をがっちり固めること
取りこぼさない自信を植え付けること
「得意」「できなかった」で点数が取れない理由は単純明快
ミスをしてしまったから

ということで、「2：得意×できなかった」が正解です。ここが一番、放置しないほうがいいポイントです。

なぜなら、ここにくるものは、すごくもったいないことをしているはずだからです。「できていたはずのところでできていない」というのは、俗にいう「ケアレスミス」です。これは本当にもったいなくて、ほんの少しの努力で改善するのに、放置しがちなものです。

「できていない」のには「できていない」なりの理由があります。たとえそれが自分では「得意」だと思っているものであっても、事実として「できていない」のですから、そこにはなんらかの原因があるはずです。それを発見し、なぜできていないのかを理解すれば、すぐに「得意×できた」に持っていけます。それをしていないのは、もったいないですよね。だからこそ「得意×できなかった」を最初に攻略すべきなのです。

2番目に回した「3：苦手×できた」というのは、少し難しくて、「苦手意識」というのを取り除くのは、人間にとって簡単なことではありません。客観的に「できていた」としても、「苦手」であることをやめるのは難しいですよね。「ちゃんと、できているじゃん！」といわれても、「そうかもしれないけど、やっぱり苦手なんだよなぁ……」

と思ってしまうのは、もうどうしようもないですよね。

「４：苦手×できなかった」を最後に回すのと、「１：得意×できた」には、特に対策を打たないというのは、わかりやすいと思います。どちらも、得意と苦手が客観と一致していて、自分のことをしっかり理解できているという意味では同じです。

だから、はじめに取り組むべきは「２：得意×できなかった」です。

このマトリクスをつくることによって、目標を設定した自分が、真っ先に何をやるべきなのかを考えてみることができるようになります。ぜひやってみてください。

テクニック３

「ToDo」＋「Doing」「Done」のリストでさくさく実践

これで「現状把握」ができました。最後に、「方法論の構築」です。

といっても、「やるべきこと」は「現状分析」の段階である程度見えてくるものです。漢字が苦手とわかれば、漢字練習をする。人前でうまく話せないなら、話す練習をする。対策そのものは、わりとシンプルに出てきます。

そこで、ここでは「どのようにして『やるべきこと』をしっかりと実践していくの

か」にフォーカスを当てたいと思います。

「自分の努力が目的地とつながっているという感覚がないと努力できない」

「自分の努力が無駄にならないことが保証されている感覚がないと努力できない」

そんな話を先ほどしました。「努力がきちんとゴールに向かっているのかわからないと、怖い」ということです。

人間は「先が見えないこと」が不安になる生き物です。「このままの勉強を続けて、受験に間に合うのかな?」と思っている状態で勉強するのは、つらいです。「このまま今の仕事を続けても、将来やりたいことができないんじゃないかな?」と疑念を持った状態で仕事するのも、つらいと思います。

受験生は受験の時期が近づくと、ストレスを溜め込むようになります。これは多くの場合、合格する見通しがつかなくて、「何をすればいいのかわからない。けれど、とりあえず今日は数学をやろうかな……」なんていう、ふわっとした感覚で勉強しているからです。ふわっとしたことをしているから、不安になって勉強がはかどらないのです。

東大に合格する人は、受験の直前に必ず、とあることを行っています。

「受験当日までにやるべきことリスト」の作成です。

数学はどの問題集をどれくらい終わらせればいいのか？

英語はどの単語帳をどれくらいやるのか？

過去問は何年分解きたいのか？

「理想描写」と「現状分析」を踏まえて、試験本番の日までに「これは終わらせておきたい」という勉強をすべてリストアップしているのです。さらにそこに、受験の手続きだとか、試験要項のチェック、オープンキャンパスへの参加など、「勉強に関係ないけど必要なこと」も追加します。


そうすると「受験までに自分は『これだけ』やればいいリスト」というものが出来上がります。これをスケジュールのなかに落とし込んでいって、一つひとつを終わらせていけばいいのです。もちろん新しく「これをやらなきゃ」というものが出てきたらリストに追加していきますが、全体像が見えていれば、それほど慌てなくて済みます。

今までにも出てきている話ですが、とにかく「自分がやらなきゃならないこと」を明確にするのです。そうすれば、迷いや不安もある程度抑えられます。何か突発的なことが起こっても、大丈夫かなと思い悩む時間があっても、うまくいかない人間関係があってつらくなっても、「やることリストに書いてあることを粛々と進めればいい」と考え

ることで安心感が生まれ、勉強が進むわけです。仕事でもそういうことはないでしょうか。

これらの「ＴｏＤｏ」をさらに、「Ｄｏｉｎｇ」「Ｄｏｎｅ」に分けて進捗の管理をしましょう。

「ＴｏＤｏ＝やることリスト」
「Ｄｏｉｎｇ＝やっていることリスト」
「Ｄｏｎｅ＝やったことリスト」

という、３つのリストをつくるのです。イメージとしては、３つの台紙を用意して、最初にＴｏＤｏの台紙にＴｏＤｏの付箋を貼る。実際に取り組み始めたらその付箋をＤｏｉｎｇの台紙に、やり終わったらＤｏｎｅの台紙に移動させる、という形で進捗を管理していくわけです。

ちなみに、Ｔｒｅｌｌｏという進捗管理アプリでも同じことができます。「ＴｏＤｏ」と「Ｄｏｉｎｇ」「Ｄｏｎｅ」という3つの画面に、付箋を貼るようにタスクを分類していくというものです。３つの画面を一覧することができるので、自分の現状が一目でわかります。

このようにして、勉強や仕事の現状を可視化すると、次に何をやるべきなのかがすぐわかります。だから、やりたくないことでも必要性に納得して、さっと取りかかれるようになるのです。

1番から100番まで順位をつける

――【PART1】に続いて、東大を卒業して社会で活躍している3人の先輩にお話をうかがっていきます。ベストセラー『子育てベスト100』（ダイヤモンド社）の著者で、フリーランスとして取材、執筆活動を続けている加藤紀子さん、営業のプロである高橋浩一さん（TORiX代表取締役）、経営者の髙田旭人さん（ジャパネットホールディングス代表取締役社長兼CEO）の3人です。

【PART1】では、「主体性」をテーマに、みなさんが東大を目指した理由やきっかけなどをうかがいました。本章のテーマは、メタ認知です。自分の実力を客観的に把握することが重要、というお話です。

高田　**社会に出ると、自分の実力を客観的に把握する機会はすごく減ってしまいます。**

大学入試の模試のように、1番から100番まで、はっきりと順位がついたり、勝敗をはっきりつけられたりする瞬間というのがなくなっていく。その意味で、受験の体験

フリーランス
加藤紀子（かとう・のりこ）
東京大学経済学部卒業。国際電信電話（現KDDI）を経て、渡米。帰国後は中学受験、子どものメンタル、子どもの英語教育、国際バカロレア等、教育分野を中心にさまざまなメディアで取材、執筆を続ける。一男一女の母。2020年『子育てベスト100』（ダイヤモンド社）を上梓、16万部突破のベストセラーになる。

は貴重だと感じます。

僕は数学が得意で、受験でも得点源だったのですが、浪人したときに気づいたことがありました。

浪人中に、同じ東大数学のテキストを繰り返し解きました。4回か5回やったと思います。問題を解いたノートに冊数を書き込んで、10冊、20冊と積み上げ、そこに達成感を感じながら勉強していました。

そのときに、解けなかった問題について、正解と解法を見て「わかった」と思うのを、「わかったことにしてはいけない」と決めました。そう決めて、解法を見てわかった問題を、2週間後にもう一度解くことにしました。すると、思った以上に解けないのですね。解法を一度見ているのに、2週間後にやってみると解けない問題が結構ある。

そう気づいて、これらの問題を解けるまで何度も繰り返したら、ぐっと成績が上がりました。

読んでわかるのと、自分で手を動かして解けるのは違う。その境目を明らかにして潰していくと、すごく効率がいいことがわかりました。そんな気づきの積み重ねが、東大受験でした。

営業

高橋浩一（たかはし・こういち）

東京大学経済学部卒業。外資系戦略コンサルティング会社を経て25歳で起業、企業研修のアルー株式会社へ創業参画。2011年にTORiX株式会社を設立し、代表に就任。上場企業を中心に営業強化を支援。自らがプレゼンしたコンペで8年無敗。著書に『無敗営業』（日経BP）『なぜか声がかかる人の習慣』（日本経済新聞出版）など。

――まさにメタ認知ですね。

高田 **東大入試は４４０点満点のうち、数学の配点が１２０点だから、得意な数学で80～90点取れれば可能性がある、**というのが、現役のときの僕の戦略でした。

ただ、数学だけではやっぱり弱くて、得意科目がもう一つほしいと思い、ターゲットにしたのが物理でした。夏休みの間は予備校の寮に入って、東大物理のテキストを１週間解き続け、数学と同じレベルまで引き上げました。あとは残りの科目をどう逃げ切るかの勝負でしたが、結局、そこまで甘くはなくて、浪人したわけです。

――さすが戦略的です。戦略を立てるにはメタ認知が必要ですが、メタ認知とは「他者との比較」のなかで自分の立ち位置を俯瞰するということですよね。だから、競い合う友達が身近にいたほうがいいし、自分より結果を出している友達がいたら、それを素直に認めて、やり方をまねる謙虚さが必要、というのが、僕の考えなのですが。

経営
高田旭人（たかた・あきと）
株式会社ジャパネットホールディングス代表取締役社長兼CEO。東京大学教養学部卒業。大手証券会社を経て、2004年、父・高田明氏が経営するジャパネットたかたの社長室長に着任。コールセンターや物流センターの責任者を務めた。12年7月から副社長。15年1月、社長に就任。社長就任7年目で、過去最高売上高更新中。

高橋 僕は前にも話した通り、書店で見つけた『東大一発逆転マル秘裏ワザ勉強法』（福井一成著／エール出版社）に書いてあった通りに、朝から晩まで勉強しただけでした。

――**型通りに素直にやる。東大生の典型ですね。**

高橋 ただ、一人で頑張り続ける自信はなかったので、友達を誘いました。僕は**基本的に、「自分は強くない」と自覚しているの**で。朝、予備校の自習室に集合して、一緒に勉強したりしていましたね。

加藤 私は同じ学校には東大を目指す子はいなかったので、**駿台予備校の仲間の存在が大きかったです。京都では当時、少数派の「東大・京大を目指す女子」たち**にとって、学びの場は、ほぼ駿台予備校一択でした。だから、すごく仲がよかったし、刺激を受けました。

高田　僕の母校は**進学校だったので、周囲の「当たり前」のレベルは高くて、それはよかった**と思います。

――**『ドラゴン桜』流にいうと、「なあんだ」の法則ですね。「なあんだ、あの先輩が受かったのか」と。進学校は、周囲にできる子が多いだけに、どのくらいできればよくて、自分には今、足りないことが何で、どのレベルに引き上げないといけないかを客観的に認知するには有利ですよね。**

高田　当たり前のように、誰かが受かったり、落ちたりしていて、でもそれで特に妬んだりするわけでもなく。そういう環境は恵まれていて、逆に、誰も東大受験しないような高校から一人だけ、というのはすごいと思います。

加藤　東大に進学した後の話をすれば、やっぱり東大には頭のいい人が集まっているんですね。要領のいい人もたくさんいて。そういう**優秀な人の集団のなかに一度埋もれると、自分の比較優位が見えにくくなります。**進学校の出身者は中学、高校時代からこのあたりを意識できているのですが、地方出身で高校まで学年1番できたような子は、それまでと違って「頭がいい」だけでは、自分を相対化できなくなります。そういう環境に身を置くことは、**自分を相対化するいい訓練**になります。受験学力以外の「自分の強みって何？」ということを、ずっと考えさせられますから。

その経験は、私がライティングの仕事をするようになってから生きました。大企業で働いた経験もありましたから、ビジネス分野のライティングもできましたが、一番大きな比較優位は、子育てに専念していた時期があることだろう、と。自分の経験を棚卸しして、戦略を立てるとき、優秀な人のなかで自分を相対的に捉え、差別化を考えた経験は役立ちました。

――そんな自己分析がベストセラー『子育てベスト100』につながったのですね。

高田　ただ、**仕事が受験と大きく違うところがあって、仕事では「何で評価されているか」の基準が曖昧です。**

受験だったら、社会の選択科目を世界史から地理に変えるくらいしかできなくて、

「社会の得点で評価される」という枠組みは変わりません。例えば、受験生が「そもそも受験科目が社会でいいのか」と問題提起するなんてことはないと思います。

でも、社会人の場合、受験科目のように明確に評価軸が決められているわけではなくて、だから逆に、納得がいかないこともあるかもしれない。でも、全員が納得する基準をつくるのは無理なので、感覚的に納得できればよしとする。そういう曖昧さを受け入れないと、仕事では成功しないと思います。

――ある意味、より高度なメタ認知が求められる気がします。受験勉強はメタ認知を鍛えるスタート地点なのかもしれません。

COLUMN

【メタ認知】を試す東大入試問題 ―西岡壱誠―

ここでまた、非認知能力が試される東大の入試問題を紹介します。

これも簡単なようで難しい、不思議な入試問題です。

「三日坊主」の意味を簡潔に英語で説明せよ。

※1970年 英語 第2問

「三日坊主」を英語に、なんていわれると、僕が真っ先に思いつくのは「three days boy＝3日の子」ですが、これが正解なんてわけは当然ありません。ちゃんと日本語の「三日坊主」が意味するところをくみとって、それを外国の人に説明できるような英語をつくらなければならないのです。

これはわりと大変なことだと思うのですが、東大生の友達に聞くと、びっくりするようなわかりやすい答えを即座に返してくれます。

僕が思わずうなったのは、こんな「2単語」の解答。

「Easily bored（簡単に飽きる）」

ものすごくシンプルですが、的確な答えです。「三日坊主」の意味を端的に表せていますよね。他にも「unsteady worker（変わりやすい人）」「give up easily（諦めやすい）」「the person with no perseverance（忍耐がない人）」などなど、日本語のニュアンスを短い英語で簡単に表現してくれる人が多かったです。

この問題は象徴的で、東大の入試問題というのは全科目を通して「説明しなさい」という出題が多いです。国語の問題ではざっと7割以上が「これはどういうことか説明しなさい」という出題形式ですし、社会や理科でも「この時代を説明しなさい」とか「この現象を説明しなさい」とか、何らかの「説明」を求める出題が多いのが東大入試の特徴だったりします。

先ほどの英語の問題は、1970年の入試問題ですから、実に50年以上前の出題になりますが、実はこのような、「説明しなさい」という形式の出題は最近、国立大学の二次試験などを中心に増えています。入試問題の「東大化」が進んでいるといってもいい

でしょう。

これは一体、どういうことなのでしょうか？

みなさんは、学習効果が一番高い勉強形態が何かご存知ですか？

それは説明です。定着率が最も高い学習方法は、その内容を誰かに教えることだといわれています。「自分の頭の中にあるものを整理して、相手にも伝えやすい形にして伝え直す」という行為によってこそ、勉強したことの理解が深まるというわけです。

『ドラゴン桜』では、桜木の指示で、水野と矢島が下級生に授業をするシーンがありました。そこで水野はこうつぶやきます。

「わかりやすく教えようと自分で考えると　あやふやだった知識がよくわかるようになってくる」

まさに、こういうことなのです。誰かに説明して、理解してもらおうと努力することで頭のなかが整理され、自分がしっかり理解できていなかったところが理解できるようになります。

『ドラゴン桜』ではほかにも、センター試験の世界史対策で、水野と矢島、桜木の3人が手分けしてノートをつくり、互いに教え合う「スクラム勉強法」が紹介されていました。これも「説明する」タイプの勉強法です。

『ドラゴン桜』6巻・52限目「北海道の面積」

こう考えると、一人で黙々と勉強するというのは、効率のよくない勉強法かもしれません。一人きりでは、誰かに説明をするチャンスもモチベーションもなく、頭が整理されにくい状態が続いてしまいます。

東大生に一人きりで勉強していたという人は、まずいません。みんな一緒に勉強していた仲間がいて、得意分野と苦手分野を教え合ったりしていました。「説明勉強法」と呼べるでしょう。

『ドラゴン桜』7巻・65限目「スクラム勉強法」

スクラム
勉強法だ
RYUZAN
スクラム……
勉強法……

テストに出やすい範囲は
水野《みずの》と矢島《やじま》に
当たるように分けて
一人20本のメモリーツリーを
作成する
一人…20本ね
その際に使うのは
山川出版社の
「詳説世界史」と
「世界史Ⓑ用語集」の
2冊だけだ
改訂新版
世界史Ⓑ
用語集
センター試験では
ここに書かれて
いないことは
まず出ない

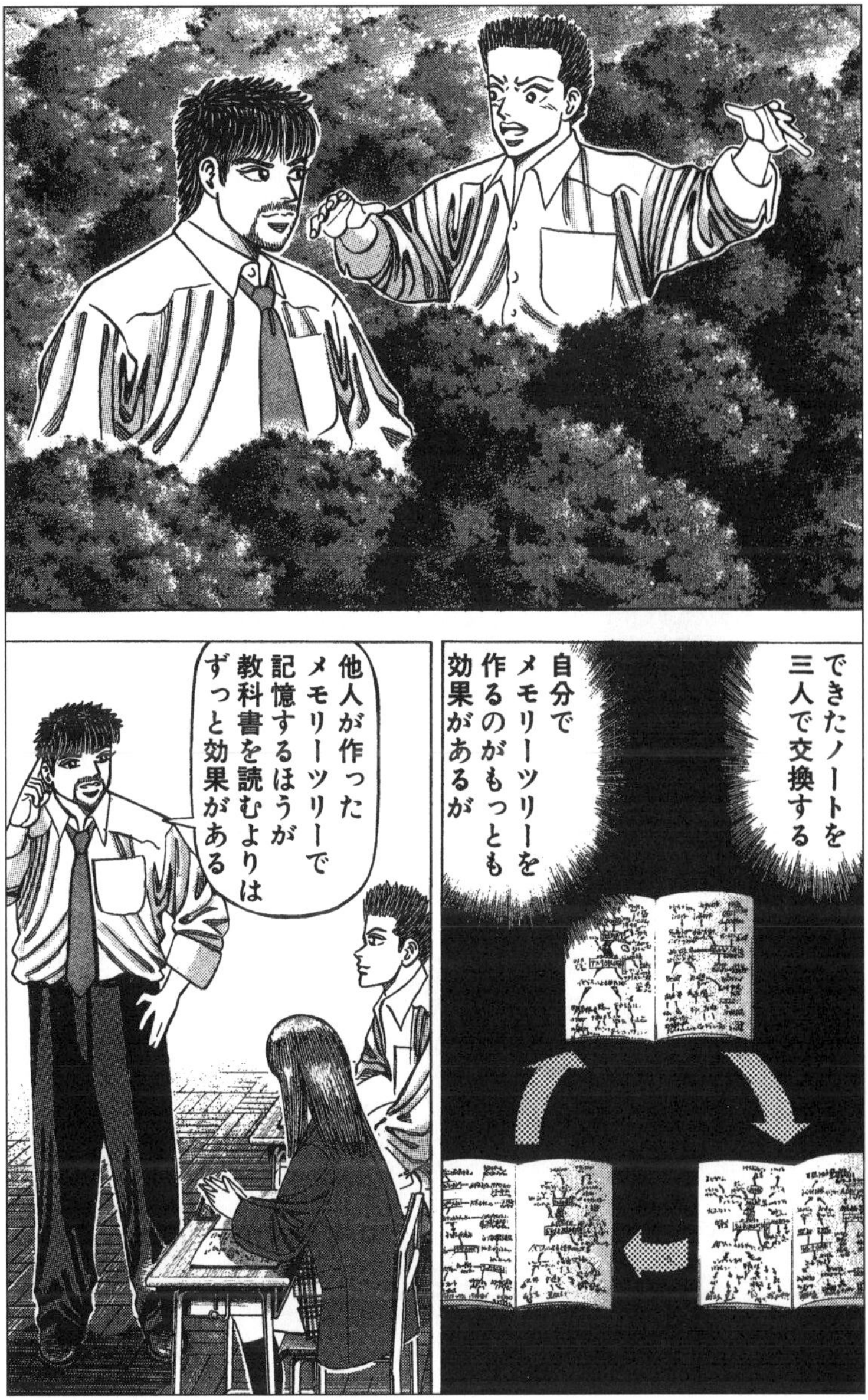
できたノートを三人で交換する
自分でメモリーツリーを作るのがもっとも効果があるが
他人が作ったメモリーツリーで記憶するほうが教科書を読むよりはずっと効果がある

へぇそうなんだ 矢島が描いた絵も 印象に残りそう だしね
確かに全部一人で やるとなると途中で イヤになるもんな
特に暗記物は その傾向が強い
問題を解く達成感も 少ないから 頭に詰め込んでいる だけで苦痛に感じる
忘れてしまう恐怖と 迫ってくるテストの プレッシャーは かなりきつい
こういう時 ともに戦う仲間が いれば安心感が 得られる
スクラム勉強法で 欠かせない最も 重要なこと…… それは……

他の人に対しても責任を負うということだ
責任……
自分が怠けたり手を抜くと他の人に大きな迷惑をかけてしまう
つまりこの勉強法では他人の成績にまで重い責任を負うことになるのだ
ああ……それは大変そう
となると自信持てねぇな

『ドラゴン桜2』7巻・65限目「スクラム勉強法」

このような「説明勉強法」を発展させたのが「出題勉強法」です。こちらも『ドラゴン桜』に出てきますね。受験生がお互いに問題をつくって、解き合うという勉強法です。僕が取材した東大生にも中学・高校時代、実際にやっていたという人が数多くいます。何度も繰り返して、つくってきた問題をノートにまとめたり、模試形式に練り上げたりして次世代に渡したなんていう東大生もいました。

誰かに勉強を教えたり、問題を出し合ったりすることのベネフィットは、学んだことの理解が深まるだけではありません。「相手の立場に立つ」という経験が得られることです。「説明勉強法」を実践するときは、自分自身は「説明する立場」にありながら、「説明される立場」にいる友達の気持ちも意識しないといけません。また、普段は「問題を解く」立場にいる受験生ですが、「出題する」となれば、入試問題をつくる人の立場を疑似体験することになります。

これらは、まさにメタ認知です。

こうやってメタ認知力を高めると、試験を受けるとき、「出題者は、どういう意図でこんな問題をつくったのだろうか?」「採点する側は何を見ているのだろうか?」と考えることができるようになります。「では、こう答えれば高得点になるのでは？」という戦略が立てられるようになって、さらに成績が伸びます。

メタ認知を高めると、成績はぐんぐん上がっていく、というわけですね。

このような勉強法を実践してメタ認知を高めてきた受験生にとって、最も有利な出題が、最初に紹介した「三日坊主」のような「説明問題」です。

東大の十八番だった「説明問題」の出題が、他の大学でも増えているのはなぜかと考えると、「メタ認知」を持つ人材が社会で求められているからではないでしょうか。自分とは違う立場にある人、相手の立場を理解することは、社会で活躍するうえでますます重要になっているように感じます。

『ドラゴン桜』2巻・15限目「人間の感情」

お前達が問題を作れ！
何それ……意味わかんねえ

問題とは……天から降ってくるものではなく人間が考えて解く人のために作るのだ

相手の問題
解けなかった方が
この　バカ鉢巻きを
頭に巻くんだ！
バカ
な……何
それえっ！

『ドラゴン桜』2巻・15限目「人間の感情」

PART 03

モチベーション

「マイナス思考」が必要な理由と5つの切り替えテクニック

『ドラゴン桜2』10巻・78限目「歯を磨くように」

1

MINDSET

西岡壱誠

なぜ僕らは「歯を磨くように勉強」できないのか？

受験はよくマラソンにたとえられますが、マラソン大会で優勝するのに必要なことはなんだと思いますか？

身体能力だとか合理的なトレーニングだとか、いろんな要素があると思いますが、ほかのあらゆる条件と比べて決定的に重要だと僕が思うことがあります。それは……

スタートラインに立ち、ゴールまで走ること。

これは、すごく大事だと思います。どんなに身体能力が高くて、どんなに優れたトレーニングを積み上げても、途中でつらくなって出場をやめてしまったり、走っている途中で棄権してしまったりしたら、優勝なんて絶対にできませんよね。

受験がマラソンにたとえられるのは、短距離走ではないということです。どんなに頭がよくても、1カ月本気で勉強するだけで大学に合格できる人なんていません。高校3年の夏休みからスパートをかける人でも最低8カ月、多くの人は1年、2年といった長い単位で、努力を継続する必要があります。

マラソンにたとえれば、最初の50メートルでダッシュをかけてトップに立っても、その走力を継続できなかったら負けてしまうわけです。逆に最初の50メートルで力を使い果たして棄権してしまったら、なんの意味もありません。

そこで絶対的に必要になるのが「継続のモチベーション」です。長期的に頑張り続ける能力がないと、マラソンでも受験でも勝ち抜くことはできないのです。

当たり前のように思えて、多くの人が勘違いしがちなポイントです。

例えば東京大学の入試倍率は3倍ちょっとです。9000人くらいの受験者のなかから3000人に合格者が絞られます。

意外に低いと思いませんか？　例えば、早稲田大学の入試倍率は学部によってまちまちですが、6～20倍くらいで、全般に東大よりも高めです。

こう聞いたとき「じゃあ、東大に受かるには、志望者の3人に1人くらいの成績が取れればいいのか」「ライバルは8999人か」と思うかもしれません。

でも、それは違うのですよね。この「3倍」とか「9000人」という数字の裏には「途中で諦めた人間」がたくさんいるのです。

例えば、駿台予備校が8月に実施する「東大入試実践模試」の受験者数は、例年1万2000人程度です。この模試は、東大志望者の7～8割が受験するといわれています。とすれば、8月時点での東大志望者は全国に1万7000人以上もいるわけです。

1万7000人と9000人。

残りの8000人はどこに行ってしまったのでしょう?

棄権したのです。

「やっぱり、自分には無理だ」「もうこれ以上、頑張れない」「自分にはそんな才能はない」……。

そんなふうに考えて、諦めて、第一志望を変えたのです。

高校3年生の8月ですらこの状況ですから、高校3年生の4月や、高校2年生の段階に遡れば、もっともっと多くの人が「東大に入りたい」と思っていた可能性があります。東大は入試科目が多いので、逃げ出したくなるインセンティブは高いです。『ドラ

「結果」の手帳をつける

自分の今までの努力を、手帳にまとめてみましょう。『ドラゴン桜』では、元気をなくした水野に、桜木が手帳をつけさせました。この手帳は、これからの予定ではなく、過去の学習記録を書くもの。今までどう頑張ってきたのかを手書きして、振り返って「ああ、あのときの自分は頑張ったな」と思うことで、水野は元気になりました。

ゴン桜』でも生徒たちが東大受験をやめようとする場面が何度も出てきますよね。

何がいいたいのかといえば、東大受験というのは「いかに心折れずに戦い抜けるか」の勝負だということです。もともとの学力があるかどうかではなく、ただ単に、東大を第一志望にするということを続けられるか。そこで挫折して、そもそもスタート地点に立つことなく不合格になっている人が非常に多くいるわけです。

これは受験に限ったことでなく、松下幸之助さんは、成功の秘訣は「成功するまで続ける」ことだと語ったそうです。知り合いの編集者さんから「ベストセラーは狙って出せるわけではないが、狙わなければ出せない」という話をうかがったこともあります。「継続する」って、本当に大事ですよね。


【PART1】では、最初の一歩を踏み出すための目標設定の話をしました。

【PART2】ではそこからもう一歩、「次の一歩」を踏み出すために、メタ認知に即した行動を取る方法をご紹介しました。

この2つがあれば、まず「やりたくないことをやり始める」ということはできるようになると思います。

『ドラゴン桜2』10巻・77限目「挑戦させないこと」

しかし、ここでもう1つの大きな問題が出てきます。それは、「やりたくないことを、『やり続ける』のは難しい」という話です。

最初のうちはいいのです。目標が原動力になるし、現状分析もすればやることが明確になるから、動ける。ですが、だからといって「続くか」というと、それは別の話で、だからこそ「受験していない不合格者」が、毎年大量に出るわけです。

みなさんも経験があるのではないかと思います。何であれ「やりたくないこと」というのは、続かないものですよね。家計簿をつけたほうがいいと思って始めても、そもそも「やりたくないこと」だったから、三日坊主で終わってしまう。「やりたくないこと」というのは、やり始めるのも難しいけれど、継続するのも難しいのですよね。

「継続は力なり」とはよくいったもので、継続しないと意味がない努力というのは勉強にも日常生活にも、山ほどあります。仕事にもきっと、たくさんありますよね。

『ドラゴン桜2』のなかに、こんなシーンが出てきます。勉強合宿が終わった翌日、桜木が早瀬と天野に、合宿から帰宅した夜、寝るまでどう過ごしたかを聞きます。合宿で猛勉強の毎日を過ごした後です。早瀬は、久しぶりの自宅のお風呂にゆっくり入って寝たと答え、天野も同じだといいます。そんな2人を、桜木が一喝するのです。

『ドラゴン桜2』10巻・77限目「挑戦させないこと」

勉強合宿から帰って、休んで寝るようなヤツは東大に落ちる！

そして東大に入るようなヤツは「歯を磨くように勉強する」ものだ、と……。

正直、これはものすごく難しいです。

僕自身の経験でいえば、東大を目指すまで机に座って勉強する習慣すらなかったので、毎日、机に向かうようになるだけでもとても時間がかかりました。最初の2日間くらいはなんとかなっても、3日目、4日目となるとなんとなく嫌になってしまったり、ちょっとした予定が入ると「今日はまあ、いっか」となってしまったりして、続かない。そういうことが非常に多かったです。

さて、この問題を解決するのが、「モチベーション」です。モチベーションを保つ方法論を自分のなかで確立している人こそが、やりたくないことを継続して結果を出しているのだと思います。

では、継続に必要なモチベーションとは、具体的には、どんなものなのでしょう。まずは中山先生に解説していただきましょう。

2

MINDSET

中山先生

「コップに半分の水」を東大生はどう見ているのか？

モチベーションの保ち方。これは非常に難しい話ですよね。

モチベーションとは、言い換えれば「活力」です。人間を車で置き換えたなら、行動するためのガソリンのようなもの。走り続けるための動力源ということです。車ならガソリンスタンドに行けば一発で解決しますが、人間は、自分で自分にガソリンを入れなければなりません。これが難しいから三日坊主になってしまうわけです。

では東大生は、どうやってモチベーションを維持しているのでしょうか？

西岡くんとの出会いから、多くの東大生と話すようになって私が気づいたのは「ポジティブとネガティブを行き来している」ということです。

『ドラゴン桜』のなかで、桜木が「コップに半分の水」の話をします。

コップに半分の水が入っている。このときに「水は半分『しか』入っていない」と捉

「嫌なことをやる時間」を設定する

『ドラゴン桜』では「歯を磨くように勉強する」ことが強調されます。でもどうしても苦手な分野や嫌いなタスクは出てきます。そういうものは、やる時間を決めてしまいましょう。電話をかけるのが苦手なら「毎日、朝9時半の始業と同時に、まず電話の仕事を片づける」と決める。ルーティンとして体に染み込ませるのです。

えるのか、「半分『も』入っている」と捉えるのか。コップに半分の水が入っているという事実は変わりませんが、見え方はまったく変わってきますよね。

「半分しか入っていない」と捉えるのはマイナス思考。「半分も入っている」と捉えるのはプラス思考。『ドラゴン桜』のこのシーンでは、受験ではプラス思考がいいということが桜木の口から語られます。

けれど、私としては、そこにもう一つ付け加えさせていただきたいことがあるのです。

プラス思考も大事だけど、マイナス思考も大事。両方が必要だという話です。

先ほどの桜木の話とも矛盾しません。この場面で、桜木が伝えようとしているのは「受験ではマイナス思考になりがちだから、プラス思考を持とう」ということです。

プラス思考だけでもダメだし、マイナス思考だけでもダメ。両方を持つことで、人間は長期間、モチベーションを保てるようになるのです。

人間がやる気が起きるプロセスは、2つに分類されると思います。

1つは、「自分にはもっとできるはずだ!」「自分はこうなりたい!」という「たい」の発想。プラスのモチベーションです。

あなたは今，コップから水を飲んでいます。
机の上に置かれた飲みかけの水をみて
どのように思ったか(　)内を埋めてください。
コップの中の水は半分(　　　　　)
え……何これ？
じっくり考えずに第一印象で素直に感じたことを書いてみてくれ
はい始め

『ドラゴン桜』10巻・89限目「ウサギ派とカメ派」

それでは
さきほどやった
心理テストに
ついて
少し説明しよう
アメリカの高校では
パブリックスピーチの
訓練を授業で行う
20分間ほど自分の
意見を発表するのだ
「コップ半分の水」は
その時の典型的な
テーマのひとつ……

『ドラゴン桜』11巻・90限目「コップに半分の水」

この水の話は
アメリカでは
非常にポピュラーで
普段の会話でも
悲観的な考えを
「グラス　ハーフ
エンプティ」
楽観的な考えを
「グラス　ハーフ　フル」
と言ったりする
DERSON
今回はお前たちが
悲観主義か
楽観主義かを
調べようとしたんだ

「幸せは……金と健康だよ」

桜木が早瀬に語りかける言葉です。極論かもしれせんが、確かにこの２つがあれば、まあ幸せに生きていけますよね。もしもあなたが、すごくお金に困ってなくて健康ならば、少しつらくなってきたときに唱えてみましょう。「幸せとは金と健康だ」と。この２つだけは絶対に獲得したいという飢餓感に変えられる人もいるかもしれませんね。

「自分にはできる」というポジティブな自己認識から、「やろう！」という活力を得る。これは「コップに半分も水が入っている」につながる考え方です。

もう1つは、「自分はこんなにできない！」「自分はこうなりたくない！」という「ない」の発想。マイナスのモチベーションです。

「自分にはできない」というネガティブな自己認識から「頑張ろう！」という活力を得る。これは「コップに半分しか水が入っていない」という捉え方に通じます。

人にはそれぞれ考え方のクセがあって、どちらかに偏りがちなものです。

自己啓発の本などを読むと、「何ごとも、もっとポジティブに捉えよう！」という主張もあれば、「ストイックなマインドを持つべきだ！」という主張もあります。でも、実際には、「どちらかが正解」なのではなく、「どちらも正解」なのであって、両方の発想を持たなければならないと思います。

受験でいえば、模試の試験の結果が出たときに「こんなにできた」「成長している」とポジティブに捉えれば、「次はもっとできる！」「もっと成長できる！」という活力になって、前進できるかもしれません。

しかしそれと同時に、「まだまだできていない！」「ゴールから逆算したら、もっと得点しないと！」という思いも、強いモチベーションになるのではないでしょうか。

東大生と話していて感じるのは、この双方向のバランスのよさです。

私も、ポジティブシンキングだけなら、東大生に負けない自信があります。我慢はできないタイプで、三日坊主に終わった取り組みは数知れませんが、それでへこむことはほとんどありません。物事を前向きに捉えるのは得意なほうです。

そんな私が東大生と話していると、得体の知れない違和感を覚える瞬間が多くありました。その違和感がわかりやすく表現されているシーンを、『ドラゴン桜』に見つけました。

キーワードは「飢餓感」です。人が成長するときには「満腹感」ではなく「飢餓感」が必要だと、特別進学クラスの芥山《あくたやま》龍三郎先生が語ります。

これをプラス思考とマイナス思考に置き換えれば、マイナス思考の重要性を説くシーンと言い換えることもできると思います。

私が東大生たちと話していて、違和感を覚えたのは、自分とは何かが決定的に違うと感じたからです。ポジティブ思考では誰にも負けない私にはまったくない飢餓感を、彼

若い時は
人格が形成される
重要な成長の
時期です
その時期に
若い人たちが
精神的に成長するために
何が必要か…
それは……
『ドラゴン桜』9巻・84限目「飢餓感」

ら彼女らから強く感じたからです。

例えば、「なぜ東大を目指したのか」を尋ねたときのこと。「社会のお荷物になりたくないから東大を目指した」と答えた東大生がいて、かなり衝撃を受けました。「社会のお荷物になりたくない」とは、あまりにネガティブではないですか。こんなマイナス思考で生きているのがつらくはならないのだろうか……、と。

その学生だけではありません。私は基本的に「○○したい」というプラスのモチベーションで動くことが多いのですが、東大生には「××にだけはなりたくない！」というマイナスのモチベーションによる動機づけが結構、強く働いているように感じます。

何かに飢えている、何か満たされていない……。この感覚（いわゆる飢餓感）は私にはほとんどありませ

『ドラゴン桜』9巻・84限目「飢餓感」

んが、あらためて考えれば「ポジティブ思考＝満腹感」を持つことだけが素晴らしいわけではないと気づかされました。満たされていない飢餓感があるからこそ、困難に立ち向かったり、もう一歩成長できたりすることもあるのですね。

だからといって、飢餓感だけではやっていけないと思います。

みなさんにわかっていただきたいのは、「たい」だけではなく「ない」も必要、「プラス思考」だけでも「マイナス思考」だけでもなく、どちらか一方でなく、どちらも持てるようになれれば素晴らしい、ということです。

プラス思考だけでは馬力がありません。「ここまででいいんじゃない？」と考えて、努力を怠ってしまいがちです。

マイナス思考だけでは精神が安定しません。「自分にはやっぱりできないんじゃないか？」と考えて、不安に押し潰されてしまいがちです。

モチベーションを持続させるには「プラス思考」と「マイナス思考」、相反する両面をバランスよく持つのがベスト、というわけです。

では、そうするには具体的にどうすればいいか？　東大生たちは、どうしているのか？

この答えを教えてもらうため、西岡くんにバトンを戻します。

『ドラゴン桜』9巻・84限目「飢餓感」

3

MINDSET

西岡壱誠

モチベーションの持続力を高める2つの思考法

思考法1

東大入試も求める「両面思考」

東大生は「相反する両面」のモチベーションをバランスよく持っている——。中山先生から、こんな指摘をいただきました。「自分にはもっとできる！」「こうなりたい！」という「たい」のモチベーションと、「自分には全然できない！」「こうなりたくない！」という「ない」のモチベーション。このような両面を持つことがモチベーション維持のコツ、ということでしたね。

実はこの「相反する両面」から物事を捉えるという能力は、東大の入試問題が強く求めているところだったりもします。例えば僕が東大に受かった年、2次試験の英語にこんな問題が出題されていました。

"Look before you leap"と"He who hesitates is lost"という、内容の相反することわざがある。どのように相反するかを説明したうえで、あなたにとってどちらがよい助言と思われるか、理由とともに答えよ。全体で60~80語の英語で答えること。

※2015年、英語 第2問

「Look before you leap」とは「飛ぶ前によく考えろ」ということ。「He who hesitates is lost」は「躊躇する者には何も得られない」。相反する意味のことわざです。この2つのことわざのうち、どちらが「あなたにとってよい助言と思われるか、理由とともに答えよ」という問題です。

ちょっとみなさんも考えてみてください。英語で考えなくていいです。どうでしょう？ みなさんにとって、どちらのほうがいい助言ですか？

僕にとっては前者かな、と思います。僕自身は「とりあえずやってみよう！」という

感覚が強くて、そのために失敗した経験が何度もあるからです。

ただし、この問題では「どちらを選んだ」としても間違いにはなりません。自分の本心の通りに選ぶ必要もありません。

そう、どちらを選んでも問題ない。問題はないのですが……実はこの問題、「どちらを選んでも書ける」ようでないと本番では痛い目を見ます。

この問題に限らず、東大入試ではあらゆる科目で「賛成か反対かを答えなさい」「2つのうち、どちらか1つを選んでください」というパターンの出題が多くあります。

こういうとき、どちらか片方の意見だけでしか解答を書けない状態というのは、非常にまずいです。

例えば、先ほどの英語の問題で、僕自身の見解としては「Look before you leap = 飛ぶ前によく考えろ」だったとしても、その意見を詳しく表現する英語がうまく思い浮かばない、ということは結構あります。そのときにすぐ「He who hesitates is lost = 躊躇する者には何も得られない」派に「転向」できるなら、合格への距離はぐっと縮まります。

また、こういう問題では、自分の主張に予想される反論を書いて、それを否定する、というロジックを組み立てるのが、定番の解答法です（詳しく知りたい方は、『ドラゴン桜2』2巻・19限目「SDS法とPREP法」を読んでみてください）。

例えば、先ほどの問題で、僕が「Look before you leap ＝飛ぶ前によく考えろ」を選んだとしたら、それに対して「こう反論する人もいるでしょうが、それに対してはこう反論しますよ」と、反論の反論を書く。そうすると文章が非常に客観的になるし、自分の意見だけを長々と述べるのと比べてメリハリもつくので、高い点数がつきやすくなります。

では、この場合に反論する相手は何かというと、もう一つの選択肢である「He who hesitates is lost ＝躊躇する者には何も得られない」です。だから、こちらの意見についても、ある程度は書ける状態だと有利になります。

こういうことがわかっている東大生は、あらゆる主張に対して「賛成も反対もできる状態」になるように努力しています。逆にいうと、どちらの立場にも立てる訓練をしておかないと東大には合格できません。

なぜ、こういう問題を出題しているのかというと、最初の話に戻っていきます。東大は、相反する両面から物事を捉える能力を重視しているのです。

「マイ・テーマソング」を決める

音楽は気持ちをコントロールする格好の道具です。『ドラゴン桜』では、「睡眠導入になる音楽」を探すエピソードがありましたね。実家がスナックの水野の場合、常連客の十八番の「みちのく一人旅」を聞くと、実はよく眠れるのでした。ほかにも、気分が上がる曲など、いろんな場面に「マイ・テーマソング」を決めておくのは、お薦めです。

思考法
2

プラスとマイナスを切り替える「リフレーミング」

みなさんは「リフレーミング」という言葉をご存知ですか？

フレームとは「枠組み」という意味で、「見方」とも言い換えられます。だから、リフレーミングは「枠組みを変える」「見方を変える」ということです。

例えば、否定的な見方で物事を捉えてしまっているとき、肯定的な見方にひっくり返して捉えてみる、というのはリフレーミングです。

あるいは、引っ込み思案な自分を「思慮深い」と捉え直してみたり、感情的な人を「自分に素直な人」と言い換えてみたりする。リフレーミングできれば、短所に思えていたことが長所にひっくり返せるようになりますし、その逆も簡単です。話し上手で陽気な人は騒がしい人だし、友達の多い社交的な人は八方美人な人です。リフレーミングの能力があれば、状況は変わらなくても、捉え方は臨機応変に変えられます。

重要なのは、どちらの捉え方もできることです。そうすれば、適切なタイミングで、適切な考え方にスイッチしていけます。

モチベーションが上がらないときを想像してみましょう。

モチベーションが上がらないタイミングには、2パターンしかないと僕は思います。

1つは、飢餓感が強すぎて気分が落ち込んでいるパターン。悪い結果があったり、うまくいかないことがあったりして、「自分には無理だ」「自分にはできない」と思い込んでしまう。つらい気持ちがあって、どうしてもやりたいと思えないときです。

1つは、満足感が強すぎて、やる気になれないパターン。ちょっといい結果が出たりして、「すこし休んでもいいよね」「ほかにもやりたいことがあるし」と甘えてしまうケースです。ウサギとカメの童話で、昼寝してしまうウサギのようなものです。

どちらもよくある話だと思います。僕も受験生活を振り返ったときに、両方あったように記憶していますし、今でもあります。

モチベーションを持続させるには、どちらの状態も放置できません。切り替えが必要です。そこで役立つのが、リフレーミングの技術です。

まず、現状を把握します。今の自分の気分は、マイナスに傾いているか、プラス気味

なのか。その傾きは許容範囲内なのか、切り替えたほうがいいのか。
「マイナス」に傾きすぎているなら、「プラス」にスイッチを切り替えるようにする。逆に「プラス」が強すぎるなら、あえて自分を追い込んで「マイナス」に切り替えてみる。いずれにせよ、スイッチを入れ替える意識を持つだけでモチベーションの持久力は高まるはずです。

切り替えのタイミングも大事です。「火事場の馬鹿力」という言葉があるように、人間は危機感を感じると強いエネルギーを生み出すことができます。粘り強く踏ん張りたいとき、何が何でも突破したい壁があるとき、そんな「勝負所」では、飢餓感は強い味方になります。そんなときこそ「マイナス」のスイッチの出番です。逆に「プラス」のスイッチを押すのが効果的なのは、視野を広げたり、のびのびと発想を広げたりしたいときです。

では、どうやってそのスイッチを押せばいいのか？　具体的に説明していきます。

4

MINDSET

西岡壱誠

マイナス思考からプラス思考に切り替える３つのテクニック

マイナス思考が強すぎるとき、どう対処したらいいのか。プラス思考が強すぎるときは、どう対処したらいいのか。『ドラゴン桜』は、どちらの対処法も教えてくれます。

最初に、マイナス思考をプラス思考に切り替えるテクニックから紹介します。

テクニック 1

「自分のすべてにマルをつける」３ステップ

マイナス思考が強すぎて、なんでもネガティブに捉えてしまうときはこうしなさいと、桜木はいいます。

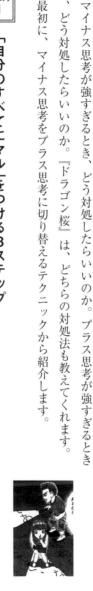

常にいい方にいい方に考える
必ず最後は合格するすべてうまくいくというようにポジティブな思考法でいこう
頭ではわかっててもなかなかできないから悩むんでしょ？
そこでひとつ具体的でわかりやすいセルフコントロール術を提案しよう
それは……自分の身の回りに
すべてマルをつけてみる

『ドラゴン桜』11巻・90限目「コップに半分の水」

「自分の身の回りにすべてマルをつけてみる」

例えば「自分の部屋がなくて勉強に集中できない」と思っていたら、「いやいや、自分の部屋がないのはマルなんだ！」と、捉え直してみる。例えば、「自宅に部屋がないから予備校の自習室で集中できる」と。ポジティブシンキングのスイッチを入れる言葉として「自分の身の回りにすべてマルをつけてみる」は、なかなか効き目があります。

苦手な人は、こんな3ステップで考えてみてはどうでしょうか。

STEP1　自分が今、置かれている環境のなかで不満に思っていることを書き出す
STEP2　それに対して、無理矢理、プラスな要素を見出して書き出す
STEP3　その後、何か問題が発生したら、再び無理矢理、プラスな要素を見出す

自宅に自分の部屋がないから、自習室で集中して勉強できる。これでいったん、自分の環境にマルをつけても、それで終わりではありません。自習室で騒いでいる人たちがいて集中できないとか、自習室が閉鎖になるとか、いろんなことが現実には起きます。

『ドラゴン桜』11巻・90限目「コップに半分の水」

そうではなく
それらをみんな
マルに変えてみる
一人で勉強して
孤独だけどマル
その方が闘志が湧《わ》いて
気合十分って感じだ
部屋がないのはマル
かえって自習室で
集中できる
部活があるのはマル
生活にメリハリができて
充実感を得られる……
このように
自分の周りの環境を
一度すべて肯定する
すると前向きで
ポジティブな思考が
できるようになる

それでもさらにマルをつける。「騒がしい自習室で勉強することでストレス耐性がついた」とか「もっと集中できる場所を探す、いいきっかけになった」とか。

別に、心の奥底ではマイナスに捉えていたとしてもいいのです。

本当は落ち込んでいるのだけど、それでもマイナスのなかにプラスを見出そうと努力してみる。それだけで、ただ落ち込むのと比べたら、かなり違いが出ます。

浪人経験のある東大生は、現役で不合格になったとき、「不合格になった分、合格がすごく楽しみになる」と捉え直したそうです。大学のサークル活動の人間関係に挫折した東大生は、「自分は今までの人生であまり大きな失敗をしてこなかったから、一回くらい失敗したほうが、周りの人にもとっつきやすい人間として認知してもらえるかもしれない。これから先、自己開示のエピソードとして、今回の失敗は使えるかもしれない」と考えて、気を取り直していました。

実際には、落ち込んでいなかったわけではないと思います。それでも、無理矢理、プラスの要素を探して、マイナス一辺倒にならないようにする。そんな日頃の習慣も、頭のいい人たちが持つ「広い視野」をつくっている気がします。

テクニック 2

「運に乗れ」

『ドラゴン桜2』には、桜木が早瀬にこんな言葉をかけるシーンがあります。

「運に乗れ」――。

早瀬はこのとき、東大専科クラスに志願したもののすぐ、やっぱりやめる、自分には東大は無理だと、逃げ出したところでした。

そんな早瀬を追いかけてきた桜木は、自分がどれほど恵まれているかを自覚しろと早瀬に促します。早瀬は東京・両国の老舗ちゃんこ屋の娘です。実家は商売繁盛、家庭は円満で皆、健康。そんな恵まれた境遇なのに、自分の幸運に気づかないようでは、将来、絶対に不幸になると桜木は断言します。

そこで桜木が、早瀬にかけた言葉が「運に乗れ」です。早瀬のような運のいい人間は「運のよさを自覚すれば、とりあえずはうまくいく」ということです。

「運に乗れ」――これはすごく重い言葉だなと感じます。

これも一つのリフレーミングですよね。

『ドラゴン桜2』2巻・13限目「運に乗れ」

ロールモデルを決めて細部まで真似する

ロールモデルがいると頑張れるものです。憧れの人になったつもりで、細かい仕草から真似しているうち、自己暗示がかかって、実力もついてきます。早瀬は、東大模試Ａ判定の小杉麻里に憧れ、「小杉さんを徹底的に真似て、東大行くぞ！」と意気込み、箱買いしたドーナツを頬張ります（154ページ）。

人間は、自分の運のよさにはなかなか気づけないものです。いい親御さんがいても、いい先生がいても、いい環境を与えられても、自分が恵まれているとは思えない。

しかし、恵まれた境遇に生まれて、満たされている早瀬の戦い方は、恵まれない境遇をバネに頑張るハングリーな高校生とは違うはずです。モチベーションのあり方も違うでしょう。けれど、自分の運のよさに気づかないかぎり、運のよさを土台にさらに羽ばたくというスタートラインには立てません。

僕の知っている、とある東大生はもともと、自分が置かれた家庭環境にも、学校の環境にも、マイナスな要因しかないと思い込んでいたそうです。けれど、高校時代にたまたま、学外の学生と交流する機会があって、「あれ、もしかして自分は他の人と比べて恵まれているのかな?」「その恵まれた環境を、自分は使い潰しているんじゃないだろうか?」と思うようになり、それをきっかけに東大を目指し始めたそうです。

これも、リフレーミングをモチベーションに変えたケースです。

リフレーミングで重要なのは、「独りよがりにならない」ことです。【PART2】の「メタ認知」と同じです。自分だけの目線ではなく、他人の視点も取り入れて、状況を俯瞰する。自分の環境を俯瞰し、そのなかにプラスの側面をポジティブに見つけていく。

これは、受験において非常に重要なことで、おそらくは社会に出てからも大切な考え方なのではないかと思います。

テクニック 3

「勝者の言い訳」でＰＤＣＡサイクルを回す

マイナスからプラスに転換する、もう一つの方法は「言い訳をする」です。言い訳をしろとは、意外に思うかもしれませんが、『ドラゴン桜』でも紹介されている手法です。

矢島が数学でつまらない計算ミスをしたとき、柳鉄之介先生は「なぜこんなミスをしたのか」と質問します。それに矢島が「普通にやればちゃんとできた」「言い訳してもしかたねえだろ」と切り返すと、柳先生は猛烈に怒ります。

逆ギレして教室を出て行った矢島に、桜木が、柳先生のいいたかったことを代弁します。

『ドラゴン桜』15巻・138限目「言い訳をしろ!」

「真の強者の心理」

桜木によると、本番に強くなる方法は2つあって、1つは、「全部できなくて当然、6割で十分」といった考え方。ミスを想定する守りのテクニックです。もう1つが、嘘でもいいから「10割できている！」と思い込む、究極のポジティブシンキングで、攻めの姿勢です。これぞ「真の強者の心理」。土壇場ではそう思うしかないですよね。

「言い訳をしろってことだよ」と。

しかし、「言い訳をしろ」とは、どういうことでしょうか?

漫画では東大生の家庭教師・本田美智子先生が、「敗者の言い訳」と「勝者の言い訳」という言葉で、「言い訳」の意味を説明します。

矢島は、言い訳をするのは自分の生き方に反している、生き方を曲げてまで東大に行こうとは思わない、と主張します。しかし、そんな矢島の言い分を、本田先生は「敗者の言い訳」だといいます。

では「勝者の言い訳」とは何か? 「こうしたら、うまくいったはずだ」「ああすれば、失敗しなかったはずだ」という「たら・れば思考」で、ミスを修正するための仮説を立て、検証するということです。

「勝者の言い訳」と「敗者の言い訳」。これはすごく重要な視点です。

過去の失敗を振り返って、ああすればよかった、こうすればよかったと考えるのは、一見、後ろ向きで、「勝者の言い訳」には思えないかもしれません。

けれど、この話は、よく考えると「PDCAサイクルを回す」ということです。

『ドラゴン桜』15巻・139限目「たら・れば思考」

『ドラゴン桜』15巻・139限目「たら・れば思考」

そうやって言い訳してんじゃない
え…
「男としての生き方を貫《つらぬ》く自分は正しい」
「間違いを押しつける先生が悪い」…「問題の原因はすべて相手方にある」
自分を正当化するための必死の弁解…
それを世間では言い訳って言うのよ
そんなんじゃねえよ俺はただ…
勇介君そういう言い訳のこと

敗者の言い訳って言うの
敗者の…言い訳?
自分の身を守ることだけ考えて問題に立ち向かうことから逃げてる…
桜木《さくらぎ》先生が言いたいのは勝者の言い訳をしろということ
それはつまり「たら・れば」思考…

「たら・れば」思考？
例えばバスケットのシュート
そう…

今みたいにリングに入らなかったとして
「こう打ってたら」とか後から考えることは後ろ向きで良くないと言われるわよね
ああ…「終わったことにクヨクヨすんな」って
次に集中した方がいいだろ
それは間違い「たら・れば」は逃げなんかじゃない
次に勝つために失敗から学ぶ「たら・れば」思考は絶対に必要なの
「さっきのシュートは構えが低かったからもっと高く持ってれば…」とか
「打ち出す角度を変えてれば…」とか
失敗の原因を検証してその分析結果を次に…
活《い》かす！

ダウン
これが桜木先生の答え…
成功する人とは失敗から学べる人
「また失敗するかもしれないから」と失敗パターンを想定し事前に準備を怠らない人

ＰＤＣＡサイクルというのは、「Ｐｌａｎ（計画）を立てて Ｄｏ（実行）して、それをＣｈｅｃｋ（検証）してから Ａｃｔｉｏｎ（改善の行動）を取る」というもの。計画通りにいかなかった失敗の理由を検証して、次に活かしていくということで、要するに「やってみてダメだったところを修正していけば、どんどん仕事のクオリティは上がっていくよね」ということです。

こう考えれば、失敗とは、未来の成功の素です。だから、失敗というマイナスをプラスに転換できるわけです。

エジソンはこんな名言を残したそうです。

「失敗したのではない。うまくいかない方法を見つけたのだ」と。

ポジティブな考え方を徹底するのであれば、失敗なんてこの世には存在しないのかもしれません。「失敗を次に活かせるように、捉え直す」ということをしていった結果、「成功」になるのであれば、それは結局、失敗ではない、ということになります。

しかし、ここで問題が一つあります。

「失敗を捉え直すポジティブシンキング」をするには、「失敗」を自覚する必要があります。これが難しいのです。

【PART2】で紹介した「メタ認知」の問題ですね。

【PART2】では、メタ認知を助けるツールとして「得意・不得意×できた・できない」マトリクスを紹介しました。

これから紹介するのは、このマトリクスを活用して、自分の失敗を発見し、検証して、次に活かす方法です。具体的には、次の3ステップです。

STEP1 「得意・不得意×できた・できない」マトリクスで「できなかった」に分類されているスキルを一つ挙げる

STEP2 それが、どうしてできていないのかを考えてみる

STEP3 理由を踏まえて改善策を考え、【PART2】でつくった「ToDoリスト」に追加する

【PART2】でつくったマトリクスで、「できない」に分類されたスキルというのは、周囲の人に尋ねて「できていない」というフィードバックが返ってきたものでしたね。

例えば「ユーモアのスキル」が自分には足りないことが、周囲のヒアリングからわかったとします。そこで「なぜか?」と考えてみます。

【PART1】で、「ユーモアのスキル」を磨くために、「ユーモアのセンスが磨かれる本を月1冊以上読む」という行動目標を立てていました。それを継続していたのに、ユーモアのスキルに不足があるというなら、この行動目標がイマイチなのかもしれません。

それなら、代わりの行動目標を考えてみるのもいいでしょう。例えば、「TEDの動画で観客が笑った場面をピックアップして分析する」という行動目標に差し替える。行動目標を差し替えたら、ToDoリストも更新して、しばらく継続してから、また効果測定する、といった感じです。

面倒くさいと感じるかもしれませんが、東大生には、こういうPDCAサイクルを自然に回している人が多いと僕は感じます。

こういう思考、行動のパターンが定着すると、どんな失敗をしても「次に活かす」という視点が生まれます。すべてが「勝者の言い訳」になっていくのですね。

5

MINDSET
西岡壱誠

プラス思考からマイナス思考に切り替える2つのテクニック

テクニック 1

「勉強している人を見て、勉強しようと思う」

今度は逆に、プラス思考が強すぎて、飢餓感が弱いときの対処法です。

これも結構、大変です。目標を達成したわけではないのに、「もう、ここまででいいか」と、中途半端なところで満足してしまうとか、「なんとなくやる気が起きない」というのが、飢餓感が足りない状態。プラス思考が強すぎるとも言い換えられます。

そういうときにどうすればいいのかって、なかなか大変な問題だと思います。

『ドラゴン桜2』で、早瀬と天野が勉強合宿から逃げ出して、家に帰ろうとしたときのエピソードのなかに、シンプルな対処法あります。

東大を目指すのなんてもうやめて、家に帰ろう。そう思って江ノ電に乗った２人の前に、停車駅で乗り込んできた女子高生が座ります。彼女は席に座るなり、付箋がびっしり貼られた『東大英単語熟語』の参考書を開き、勉強を始めます。それを見た２人はハッとして次の駅で電車を降ります。「私たちも勉強しないと」と。

要するに「勉強している人を見て、勉強しようと思う」ということです。

人間は、比較のなかで生きる生き物です。

三田先生も、いっていました。「学校の意義は、同世代の人たちが集まっているなかで、『あいつよりも頭がよくなりたい』『この人に追いつきたい』というような比較によって成長していくというところにある」と。

名門校には、切磋琢磨できるライバルが多くいて「自分も頑張らないと！」という意識から、より高みを目指そうとする構造があります。自己満足で終わらずに「他人と比べて自分はどうなのか？」という視点を持つことによって、モチベーションが湧いてくる場面は多くあります。

現状に満足していて「このままでもいいかな」と考えているとき、周囲を見渡してみ

『ドラゴン桜2』7巻・54限目「合格できる」

東大を
目指す人は
みんな今
勉強してる
自分も
早く帰って
やらなきゃって
……
鉄緑会
東大英単語熟語

『ドラゴン桜2』7巻・54限目「合格できる」

たらどう感じるでしょうか。「自分よりもすごい人がいる」「自分より努力している人がいる」と気づき、「もう少し頑張ろう」「もう一歩踏み込もう」と思えるかもしれません。

そういう意味で、モチベーションを持続させる手っ取り早い方法は、同じ目標を持つ友達をつくることです。朱に交われば赤くなるといいますが、自分一人で変わろうとせず、周りの人たちと一緒に、周りの人たちに染まるようにして、自分を変え、成長していく。これもメタ認知の一つの手法であり、モチベーションの持続力も高めます。

テクニック 2

「予言を自己成就」させるSNS活用術

先ほど「失敗」の話をしました。マイナス思考をプラス思考に切り替えるときには、失敗の原因を振り返る「勝者の言い訳」が必要、という話です。

失敗には、実は2つの失敗があります。

1つは「自分一人が認識する失敗」。

もう1つは「他人が認識する失敗」です。

「自分一人が認識する失敗」は、自分で解決するしかありません。計算ミスを見つけたら、「この計算でミスした」「この部分が原因だ」「次からはこうしよう」と、改善していくことで、どんどん強くなれるものです。つまり、自分一人が認識している失敗に対処していくことは、目的地に近づいていく行動でもあります。

しかし「他人が認識する失敗」は、ちょっと違います。

失敗を他人に見られるのは、怖いものです。

例えばみなさんも、学校の授業で手を挙げたくないと思った経験はありませんか？

先生の問いかけに対して、正解っぽいものが見えているのだけど、それが万一、間違っていたときに恥ずかしいから、発言したくない、ということです。

つまり、「他人が認識する失敗」の場合、失敗が怖くて、そもそも挑戦していないというケースがすごく多いのです。

そこで挑戦しないのなら、失敗はしません。ある意味、痛みはなくて満ち足りていますが、成長はありません。これではプラスが強すぎて成長が止まってしまいます。

最近、驚いたことがありました。

僕はときどき、高校などで講演をします。とある学校で、「この問題、マルかバツかわかる？」と質問して、「じゃあ、マルだと思う人、手を挙げてみてください！」といったところ、誰も手を挙げず、「じゃあ、バツだと思う人！」といっても、誰も手を挙げないのです。「え、ええ？」と思って、少し考えた後、「じゃあ、どちらでもないとか、わからないって人は？」とおずおず尋ねると、みんなが手を挙げました。

そんなに難しい問題ではなかったので、本当はみんな、正解のアタリはついていたと思います。それでも、万一間違ったとき、それを周りの人に見られるのが怖くて、「どちらでもない、わからない」ということにしたのだと思います。

そう考えて、「今どきの子って、そこまで失敗が怖いのか……」と、少し怖くなりました。

みなさんは、どうでしょうか？　あえて挑戦をしないことで、心地いい場所にとどまっていたりはしないでしょうか。

こういう奇妙な満足感を、適度な飢餓感に切り替える方法も、『ドラゴン桜』は教えてくれます。


漫画で紹介されているのは、周囲の先生たちが「合格する」と予言してあげると、生徒の合格の可能性が高まるという話です。

一方で、僕が見てきた東大生には、自分自身で「合格する」と宣言することで、自分の合格の可能性を高めようとした人が多くいました。

「東大に合格する」と、周囲に宣言しなければ、落ちたとしても「他人が認識する失敗」にはならないので、恥をかくことはなく、不安は少ないでしょう。しかし、「落ち

『ドラゴン桜』18巻・158限目「予言の自己成就」

たくない」というマイナスのモチベーションや飢餓感も弱くなってしまいます。

だからあえて、落ちたときに恥ずかしい思いをするリスクを受け入れて、自分で「合格する」と予言してしまうのです。その結果、適度な緊張感が保たれて、予言が自己成就するというわけです。

これはかなりポピュラーな考え方で、同じことを語る東大の先輩は非常に多いです。

例えば、ホリエモンこと堀江貴文さんは、著書『ハッタリの流儀』(幻冬舎)のなかで、自分が

これを「予言の自己成就」と言う
予言の…
自己成就？
予言を繰り返し言うと…
言わないときよりも実現可能性がずっと高くなる

『ドラゴン桜』18巻・158限目「予言の自己成就」

東大合格をはじめ、多くの成功をつかんできたのは「ハッタリ」のお陰だと語っています。現状では実現する可能性が低い夢でも、ハッタリで「自分はこうなるぞ！」と表明することで、自分にいい意味でプレッシャーをかけてモチベーションに変えてきた、ということだと思います。

一方で、東大生には、中学校や高校で学年トップの成績だった子が、その後もずっと学年1位のまま優等生として生活して、そのまま東大合格、というケースも多いです。これは、もともと能力があったという単純な話だけではなく、周りから「東大に合格するような人だ」と認知されたから、「じゃあもっと頑張らなきゃ」と、自分を周りがイメージする像に合わせた結果なのだとも想像できます。

人間は社会的な動物ですから、他人のイメージに合わせて自分をつくっていくところが多分にあります。

誰かから見られているという意識があると、そうでない場合と比べて力を発揮できるという研究結果もあります。有名なのはホーソン実験ですね。工場での労働条件を変えると生産性がどう変わるかを調べようと実験したら、実験グループに選ばれたことそのものが、働く人たちのモチベーションを高め、生産性が上がったという話です。

そう考えると、飢餓感が足りない人にお薦めなのは、自分のことを「他人に見てもらう」「他人の視線で縛る」ということです。

あえて恥をかくというリスクを取って、「自分はこの目標を達成する」「自分はこういう挑戦をするのだ」と、表明しておくのです。そうすると、マイナスのモチベーションが適度に働いて、成功率が大きく向上する、というわけです。

そのときに役立つのがSNSです。

最近の東大生は、受験勉強中にSNSをやっていた人がすごく多いです。ツイッターなどで志望校を宣言して勉強の記録を公開するのです。特にツイッターとインスタグラムには「勉強垢（べんきょうあか）」と呼ばれる受験生や浪人生のアカウントが数多くあって、勉強法や成績を公開しながら交流しています。僕が見るところ、こうしたアカウントをつくって勉強してきた人の合格率は高い気がします。

こうした学生が、SNSから何を得ているかといえば、「ちゃんとやらないと恥をかく」という環境です。

僕も受験勉強中、ツイッターをやっていました。ツイッターのアカウントで、自分の

『ドラゴン桜2』8巻・59限目「怒りで燃えろ!」

志望校と模試の成績や順位、勉強の記録をどんどん写真でアップしました。いい成績も悪い成績も、解けた問題も解けなかった問題も、誰かが見られる状態にするわけです。

ツイッターには、同じことをしている受験生がたくさん集まっています。だから、同じ目標を持っていて、自分よりも成績のいい人や、自分が解けなかった問題を簡単に解いてしまう人に出会えます。自分の恥ずかしいミスも他人に見られます。本当に恥ずかしいです。そうやって「恥ずかしきゃ！」という飢餓感が生まれるのです。

い」という意識が生まれると、「自分は何をやっているんだ！」「自分もちゃんとやらなきゃ！」という飢餓感が生まれるのです。

『ドラゴン桜2』で、桜木がいっていましたね。「勉強は怒りだ」と。

できない自分が悔しい、ふがいない、問題を解けない自分に怒りを覚える、あいつに勝ちたい、一発逆転だ！——そういう勉強のモチベーションにつながる飢餓感を得るのに、格好のツールがSNSです。

僕自身を振り返っても、一人で勉強している間は、悪い成績を取っても「恥ずかしい」「こんな自分が嫌いだ」とは思いにくかったです。「まあ、いいか」と思ってしまう。典型的な「悪いプラス思考」です。

けれど、ツイッター上で多くの東大受験生と出会って、自分と他人と比較したときにはじめて、「この人が解けた問題がなぜ自分は解けなかったのか」とか「あの人はあんなにいい成績なのに自分はこんな成績なんだ」という怒りが生まれました。その怒りは、確かに「勝ちたい」というモチベーションになりました。

『ドラゴン桜2』8巻・59限目「怒りで燃えろ!」

三田先生も「東大生っていうのは、普通の人よりも『負けず嫌い』だ」と語っていました。僕の場合は負けず嫌いになるように自分を変えていったのです。

少年漫画と同じです。自分よりも強い人に勝ちたい。誰かに負けたくない。

少年漫画では、ライバルの存在が主人公を成長させますよね。「自分は最強だ」と思っていると、なかなか努力するモチベーションは生まれませんが、「自分より強いヤツがいる」と思うと、努力するモチベーションが生まれる。相手がいるから、強くなる。これは少年漫画にかぎらず、どんな世界にもある構造だと思います。

ちなみに、先ほどの「受験生のツイッターアカウント」の話に戻すと、特に地方出身の学生が多い傾向があります。地方にいると、東大や難関大学を目指す友達をリアルにつくるのが難しいからです。そのままでは「お山の大将」になって、より上を目指そうという気持ちが生まれません。そこでツイッターを使って、自分より上の人たちと出会う。ライバルづくりも受験には欠かせなくて、進学校の生徒はその点では有利です。

この話は、受験に限りませんよね。夢や目標があるとき、競い合う仲間がいることがモチベーションの継続を助けてくれる。そのときにＳＮＳは非常に役立つツールである。そんなことが、わかっていただけたのではないかと思います。

営業成績でもダイエットでも、何か達成したい目標があったら、ぜひＳＮＳのアカウントをつくって、仲間を増やしてください。こんな3ステップです。

ＳＴＥＰ１　「○○を目指します」という目標を宣言するＳＮＳアカウントをつくる
ＳＴＥＰ２　同じジャンルの目標を持つ人を、ＳＮＳで探してつながってみる
ＳＴＥＰ３　目標達成に向けた努力をＳＮＳに記録して、つながっている人たちと共有する

ＳＮＳの仲間たちは、プラスからマイナスへの切り替えだけでなく、落ち込んでマイナス思考に偏りすぎたときにも助けてくれたりします。他人の視点から自分を客観視（メタ認知）できて継続のモチベーションを得られるＳＮＳは「やりたくないことをやり続ける」ための最強のツールかもしれません。ぜひ活用してみてください。

INTERVIEW
社会人インタビュー

頑張る日常に楽しさを埋め込んでいく

――引き続き、東大を卒業して社会で活躍している3人の先輩にお話をうかがっていきます。ベストセラー『子育てベスト100』（ダイヤモンド社）の著者で、フリーランスとして取材、執筆活動を続けている加藤紀子さん、営業のプロである高橋浩一さん（TORiX代表取締役）、経営者の高田旭人さん（ジャパネットホールディングス代表取締役社長兼CEO）の3人です。

この章では「モチベーション」について、お話をうかがいます。

高橋さんは受験生時代、友達と一緒に勉強することでモチベーションを維持したということでしたね。『ドラゴン桜2』の「勉強をしている人を見て、勉強しようと思う」に通じるところです。

高橋 はい、自分は弱い人間で、一人では勉強が続かないし、朝が苦手だったので、毎朝、友達と予備校の自習室に集まることにしました。高校時代までの僕は、自己肯定感

フリーランス
加藤紀子（かとう・のりこ）
東京大学経済学部卒業。国際電信電話（現KDDI）を経て、渡米。帰国後は中学受験、子どものメンタル、子どもの英語教育、国際バカロレア等、教育分野を中心にさまざまなメディアで取材、執筆を続ける。一男一女の母。2020年『子育てベスト100』（ダイヤモンド社）を上梓、16万部突破のベストセラーになる。

がとても低かったのです。

――自己肯定感がとても低い人が、東大を受験しようと思うものでしょうか。

高橋 僕は、**東大受験を終えるまで「自分はやればできる人間だ」とは、あまり思えていませんでした。**もともと人としゃべるのがものすごく苦手で、運動も苦手で。

でも、中学時代に、運動で一つだけそれなりにいい結果を出せたのです。テニスです。

中学校でテニス部に入りました。それはテニス部に入る人は、中学校からテニスを始める初心者ばかりと気づいたからです。野球やサッカーは、小学校時代から経験を積んでいる人が多いから、とても敵わない。でも、テニス部は、まともにボールを打つのにも苦労するような初心者ばかりで、「これなら、自分も同じ土俵に立って、同じスタートラインから勝負できるんじゃないか」「たくさん練習すれば、自分もそれなりになれるかもしれない」と思ったのです。

営業

高橋浩一（たかはし・こういち）

東京大学経済学部卒業。外資系戦略コンサルティング会社を経て25歳で起業、企業研修のアルー株式会社へ創業参画。2011年にTORiX株式会社を設立し、代表に就任。上場企業を中心に営業強化を支援。自らがプレゼンしたコンペで8年無敗。著書に『無敗営業』（日経BP）『なぜか声がかかる人の習慣』（日本経済新聞出版）など。

――**戦略的ですね。**

高橋　そこから猛練習して、市の大会で準優勝しました。この経験で「頑張れば何とかなる」と思えるようになりました。だから、高校受験のときも「頑張ればなんとかなる」と思って猛勉強して、国立の進学校に合格しました。この2つの体験で**「頑張ればなんとかなる」という確信**だけは、10代のうちに得ることができました。

――**自己肯定感が低いといいながらも、「頑張ればなんとかなる」というプラスのモチベーションも持っていたのですね。**

高橋　**「苦手なことは克服しないといけない」**という気持ちはずっと強いです。

――**加藤さんは、高校1年生のときに受けた模試で数学が3点、偏差値30でもめげなかったというエピソードからして、プラス思考が強そうですが、受験生時代にマイナス感情が強くなったことはなかったですか。**

経営
髙田旭人（たかた・あきと）
株式会社ジャパネットホールディングス代表取締役社長兼CEO。東京大学教養学部卒業。大手証券会社を経て、2004年、父・髙田明氏が経営するジャパネットたかたの社長室長に着任。コールセンターや物流センターの責任者を務めた。12年7月から副社長。15年1月、社長に就任。社長就任7年目で、過去最高売上高更新中。

加藤　受験直前の12月に受けたセンター模試がE判定で、あのときはさすがにまずいと思いました。うろたえながら妹のところに来ていた京大医学部の家庭教師に相談しました。そうしたら、「自分がロボットになったつもりでやるしかない」と教えていただいて。感情を捨てるということですよね。書店に行って、センター試験の問題集を何冊も買って、あとは**ロボットになったつもりで感情を捨てて、ひたすら解きまくり**ました。

――プラスもマイナスもなくて、感情そのものを捨てる…。示唆深いです。

加藤　2次試験も初日は数学がゼロ完（記述式で完全解答できた問題がゼロ、部分点しか得られないという意味）。それでも合格したのは、感情を捨てたあの12月以降、学力を爆上げできたからかもしれません。ぎりぎりだったと思いますが。

――髙田さんは、浪人を経験されていますよね。現役で不合格だったときは落ち込みませんでしたか。

高田 それが意外にショックを受けなくて。現役で受かったとしたら、ぎりぎりでしたから。「これから1年、ちゃんと努力して来年受かろう」と、素直に思いました。**「浪人して来年、実力で受かったら、現役で落ちてよかったと思えるな」**と。だから、浪人したら模試ではA判定かB判定しか取らないぞと自分で決めて、実際、5月以降はずっといい判定を取れていました。

母の言葉も大きくて「大学に行ってから、思いっきり遊べばいいじゃない」といわれたんです。ああ、そうだなと思って。

努力がきついのは終わりが見えないからです。人生が仮に80年だとして、残り60年くらいあるうちに、たった1年頑張れば、残りの59年、東大生であることのベネフィットを享受できる。それなら今頑張ろうと思えます。この1年がつらいわけじゃなくて、その先が楽しくなるから頑張る。

もちろん、目の前がきついというのはあって、きついと思ったら、自分の判断で休む時間を設けるといったことをしていました。**誰かに許可を得て休むわけではなく、自分のルールで休むと決めるのは気持ちいい**ものです。**きついときに休めるように、普段は**

頑張ろうという方向に意識が向かっていきました。

受験前日は、どうせ眠れないだろうから、目が瞑れてリラックスできていたら、自分としては眠れていることにする、と決めて。**自分をちょっと洗脳していた**かもしれません。

――**「自分を洗脳する」という感覚は、すごく理解できます。**

高田　「自分の選択」という意識があると、目線が上がります。自分が勉強しているからといって、勉強しない人を見下すわけではない。勉強しないのも、その人なりの選択で、僕自身が「この1年頑張って東大に行く。自分にはそれがいい」という選択をしただけです。

――**自分を主語にするわけですね。**

高田　仕事も勉強も同じだと思いますが、**仕事のタイミングに自分を合わせるのでな**

く、**自分のタイミングに仕事を合わせる**のが、モチベーション持続のコツだと思います。

苦手な科目や、負担の重い仕事、クリエイティビティーが要求されるような仕事は、気持ちが乗っているときに「今だ!」と思ってやる。逆に、今ひとつ乗らないときは、負担の軽い仕事や単調な仕事を片づける。そういうふうに自分に仕事を合わせられる状態をつくるのに必要なことは、選択権を持てるように、日頃から早め早めに仕事を片づけておくことです。

――自己責任ですね。自責か他責かといえば、自責で、何か問題があったら、他人ではなく自分を責めるわけです。厳しい考え方にも思います。

高田　自責が強すぎると、精神的にまいるときもあるので、他責のスイッチも逃げ道的に持っておくべきだと思います。けれど、ベースは自責であるべきだと僕は考えています。

――社会人になってからも、「やりたくないけど、やるべきだと思うから取り組んだ」ということはありますか。そのとき、どうやってモチベーションを維持しましたか。

高田　英語の勉強とか、体を絞るとか、家事をするといったことですね。**コツの一つは、とにかく「やる」と人にいう。**特に、スケジュール管理をしてくれる秘書にいっておくと、サボったときにすぐばれるので、いいですね。あとは、**楽しさを意識的に埋め込んでいます。**経営者仲間とジムに行けば、会話する楽しさが埋め込まれるし、快適に勉強できるように広いデスクを用意して、好きな飲み物を用意するとか。受験生のときは、とにかく夜、布団に入って眠れるという瞬間がすごく幸せで、その幸せをかみしめるようにしていました。「日常のなかに楽しさを埋めこむ」ことでモチベーションを維持するという習慣は、受験生のころからかもしれません。

COLUMN

【両面思考】を試す東大入試問題 ―西岡壱誠―

さて、この章のテーマは「モチベーション」でしたが、モチベーションを持続する力ギは「両面思考」と「リフレーミング」にあるというお話をしました。

「プラス思考もマイナス思考もできるようにする」

ということが大事で、それは、

「賛成意見と反対意見、どちらも持てるようにする」

という東大の入試問題の特徴と重なります。

その一例として英語の過去問をご紹介しましたが、ほかにもたくさんあります。そこに流れる基本思想は「公平性」です。いろんな立場の人がいる世の中で、どの人の立場でも物事を考えられるような人になってほしいというメッセージを感じます。

そんな「東大思考」が体感できる問題として、こんな問題をご紹介したいと思います。

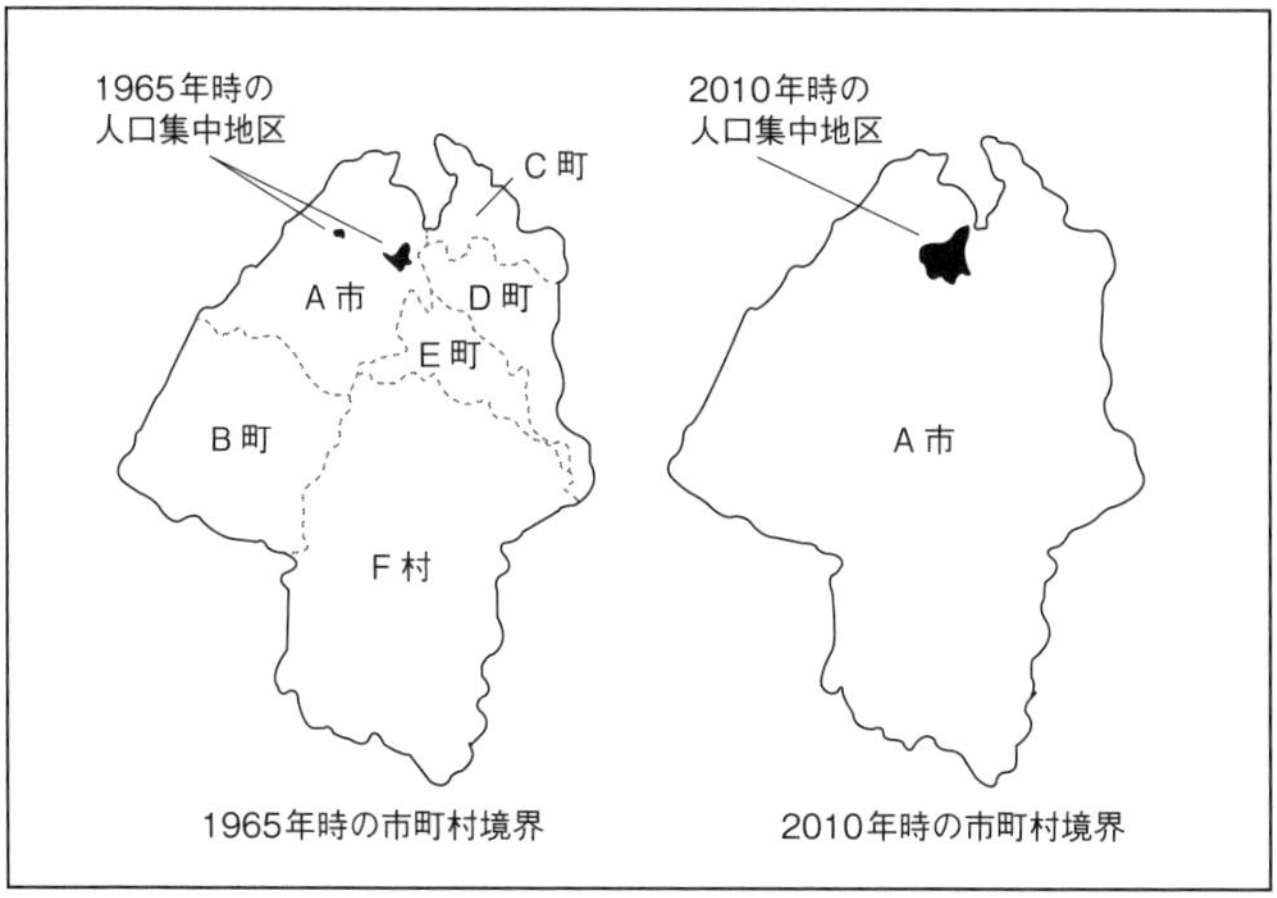
1965年時の
人口集中地区
C町
A市
D町
E町
B町
F村
1965年時の市町村境界
2010年時の
人口集中地区
A市
2010年時の市町村境界

［問 題］

2010年時には、行財政の効率化などを目的としてA ～ Fの6市町村が合併し、新A市が形成されている。この合併によって新A市域内の山間部で発生する可能性があると考えられる行政上および生活上の問題をそれぞれ1つずつ挙げなさい。

※2016年 地理 第3問 一部改変

平たくいうと「市町村合併によって困ることを、いろんな人の立場に立って考えて答えなさい」という問題です。

解答が求められているのは「山間部で発生する問題」ですが、その反対側には、「市街地」に住む人たちの事情があり、両方の立場を考えることで、解答の質が高まります。合併するときに村の役場がなくなって、山間部に住むお年寄りがいちいち市街地にある市役所まで行かなければならなくなるのは「問題」です。しかし、市街地に住む人たちからすれば、村の役場を維持するために必要なお金を税金から出すことのほうが、「問題」に思えるかもしれません。

また、問題文には「行政上」と「生活上」の問題を挙げるとありますね。これは、生活者の立場とA市の市長の立場、両方を考えなさいということです。生活者にとっての問題は高校生でもわかりやすいですが、市長の立場に立って考えるとなると、かなりの想像力が必要です。

この問題には、さまざまな軸で立場の違いを考えさせる立体性があり、いかにも東大らしい問題です。

『ドラゴン桜』では、芥山先生が「自分で考えてはいけない」といっていました。

このセリフはセンター試験の国語対策について語った言葉ですが、「自分で考えない」のは、あらゆる意味で受験に必要な能力です。自分の視点だけで物事を考えて、独りよがりになってはいけないということです。【PART2】のメタ認知にも通じますね。

東大生は、文学好きという説があります。文芸系のサークルや書評をする団体の数が多いというのがその理由です。実際、友達と会話していても、小説の話題がよく出ます。そのなかで面白いと思ったのは、同じ名作を繰り返し読む人が多いことです。東大を主席で卒業した山口真由さんの「7回読み勉強法」も話題になりましたね。

同じ小説を何度も読む東大生は、読むたびに違う登場人物の視点から物語を味わっています。

「主人公の視点から見たら、この人は憎いだろうけれど、敵役の立場からすれば仕方ないよね」

「男にしてみれば当たり前の行動かもしれないけれど、女性の視点になって考えると、これって結構ひどいよな」

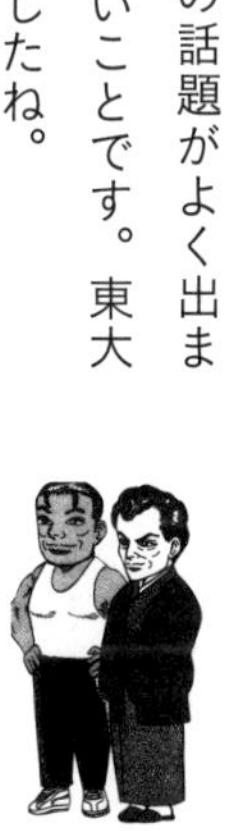

さらなるセンター国語のキーワード
まだあるの？
それは……
「自分で考えてはいけない」です

『ドラゴン桜』13巻・119限目「召使いになれ！」

センター国語の
根本的理念である
「自分で考えない」
とは………
客観性を持て
ということ
客観性…

そんなふうに、立ち位置を変えながら、名作を何度も繰り返し楽しむのが東大生です。

ほかの人の気持ちになって考える、というのはなかなか難しいですが、大事なことですよね。特にビジネスをしていれば、消費者や顧客、ビジネスパートナーなど、さまざまな人の立場に立ってものを考えることの連続です。僕も今は、小さいながらも会社を経営するようになって実感します。

自分の立場をいったん脇に置いて、ほかの人の立場に立って考える。そんなトレーニングの第一歩

が、実は東大入試だったのだと思います。芥山先生は、そんなことを教えてくれていま
す。

少し脱線するかもしれませんが、こうやって考えていくと、日本の漫画は文学として優れていると思います。今の日本の漫画には、「正義は勝つ」という勧善懲悪のストーリーはほとんどありませんよね。「敵役にも感情移入できる」作品が多くあります。『ワンピース』でも敵役のスモーカー大佐はすごくいい人だし、『進撃の巨人』も敵の巨人を駆逐すればよしというシンプルなストーリーではありません。いろんな人がそれぞれの正義を信じて戦っていて、主人公が悪のように見えることもあれば、敵役のほうが正しいように見えることもある。何が正解というわけでなく、誰が正しいというわけでもない。そういうふうに複数の視点を持って立体的に読めるという点で、日本の漫画はきわめて東大的だと僕は思っています。

要は
常識でものを
考えられることも
大切だという
ことです
具体的な
考え方は…
「みんなはどう
思うんだろう」
みんなは
どう…？
自分が
どう考えるかではなく
みんなは
どう考えるのかが
重要なのです
テストを
受けながら
あなたたちは…
『ドラゴン桜』13巻・120限目「自分で考えるな!」

自分の身体から
魂が抜け出て
受験会場を
浮遊する
感覚を持ちましょう

みんなはこの問いをどう考えどう答えるのだろうと考えるのです

PART

04

戦略性

「やりたくないこと」ができるようになる「東大式3ステップ」

『ドラゴン桜2』4巻・28限目「口パクでモノマネしろ!」

1

MINDSET

西岡壱誠

戦略性とは「びっくりするような努力のアプローチ」である

さて、最後の章です。ここまでに「やりたくないことでも結果を出す」ために、3つの壁を超えてきました。

【PART1】やりたくないことに主体的に取り組むための目標を持ちました。
【PART2】目標に向かって具体的な行動を起こすためのメタ認知を学びました。
【PART3】途中で諦めないためのモチベーションのコントロールを学びました。

目的が明確になって、方法も明確になって、やる気も持続できるようになったわけです。ここまでできれば、やりたくないことでも結果を出せる気がします。

でも、やっぱりまだ何か足りない。

何が足りないのかといえば、戦略性です。

戦略性といわれて、みなさんはどんなイメージを持ちますか。

「やりたくないことでも結果を出す」には、将棋の駒ではなく棋士にならないといけないという話を【ＰＡＲＴ２】でしました。棋士というと頭脳戦で、クールに淡々と次の一手を打ち続ける……。そんなイメージも間違いではないと思うのですが、東大生の戦略性にはもっと泥臭いというか、ちょっとクレイジーなところがあるように感じます。

戦略性の本質は何かといったら、僕は「必死さ」だと思うのです。

東大に合格した人たちに受験勉強の話を聞くと、結構とんでもないことをしています。

東大に合格するために1日14時間勉強したという僕の友達は、高校時代、「耳なし芳一」と呼ばれていたそうです。なぜかというと、暗記したい単語や歴史の元号を手や腕、ときには足にも書いて、いつでもどこでも勉強できるようにしていたからです。耳以外の全身にお経が書かれていた「耳なし芳一」に似ている、という話です。女の子の友達です。

びっくりしますよね。僕もびっくりしました。でも事実、そういう人がいるのです。

僕の場合、東大の過去問を50年分解きました。今も20年分くらいなら、過去問を見て

「ああ、これは何年の英語だね」と、言い当てられる自信があります。さすがに東大生でも、この話をするとびっくりします。

けれど別に、僕や「耳なし芳一」の友達だけではなくて、東大生と話すと、みんなそれぞれ、「え、そこまでやるの」とみんなが驚くような受験勉強のエピソードを1つや2つは持っています。

こんな話をして、僕が何をいいたいのかというと、「奇跡なんて起きない」ということです。

東大に合格するなんてまだまだ甘い話で、どんな分野でも結果を出すことに「奇跡」はないと思います。どんな分野でも、結果を出すことには確固たる裏付けがあって、なるべくしてそうなっているもので、そこにミラクルの要素はないものです。

けれど、だからといって、「努力は必ず報われる」というのも、違うと思います。

誰もが思いつくような普通の努力を積み重ねても、結果が出ることはあまりないですよね。「耳なし芳一」も「過去問50年分」も、普通のことではないですよね。一般的にはなかなか想像できないようなあがきがそこにはあって、そんな「びっくりするような努力のアプローチ」こそが、戦略だと思います。

「カラーバス効果」を意識して、朝を過ごす

朝、起きたときに「今日は赤い物をいくつ見るかな」と思って出かけると、赤い物ばかりが目に入る、という話が『ドラゴン桜』にあります。それと同じで、1日の最初に「あ、ミスしちゃった」などと思うと、1日中、自分のミスばかりが目についてしまいます。朝は好きな音楽を聴いたりして、テンションを上げてスタートしましょう。

奇跡ではないけれど、普通ではない――。そこにあるのが「必死さ」であり、「合理的な悪あがき」とでも呼べるかもしれません。そこに戦略性の本質があるのではないかと僕は主張したいわけです。

この、「必死さ」ということが『ドラゴン桜2』ではこう表現されています。

東大受験の直前、早瀬の気が緩んでいると見た桜木は、「運を使え」と語りかけます。

「運を使う」とは、ベストを尽くすこと。最後の1分1秒まで諦めずに挑戦し続けることだと桜木はいいます。この桜木の言葉に付け加えるならば、「最後の1分1秒まで諦めない」で、勝つための方法論を考え抜くから「戦略」が生まれるのであり、このような戦略性が、やりたくないことでも結果を出すための「最後の一歩」です。

では、ここで中山先生から戦略性という非認知能力について、解説していただきます。

『ドラゴン桜2』133限目「運を使え」(単行本未収録＝2021年4月現在)

運は与えられただけでは何の役にも立たないからだ
運は……使わなくてはならない
使う……
運は使ってこそ効力を発揮する
正しく使えば大きな成果を得られるのだ

「運を使う」とは
ベストを尽くすこと
全力を出し切ること
最後の1分1秒まで諦めずに挑戦し続けることだ

2

MINDSET

中山先生

東大受験とは「ボクシング」ではなく「路上の喧嘩」

「受験は、ボクシングだろうか？　それとも路上の喧嘩だろうか？」

……という疑問が、東大生たちと話していると何度も頭に浮かびます。

ボクシングと喧嘩。どちらも相手を打ち負かすのをゴールとする点で共通しますが、大きな違いがありますよね。ルールがあるボクシングと、ルールがない喧嘩。要するに、「上品に勝つかどうか」の違いです。

私はもともと、受験はボクシングだと思っていました。試験にはルールがあり、練習としての勉強をして、その結果として勝ったり負けたりする、と。

しかし、東大生たちの感覚だと、受験は「路上の喧嘩」に近いようです。

もちろんカンニングはいけませんが、それ以外はわりとなんでもやっていいと考えて、どう攻略するかを裏技的なことも含め、常に柔軟に考え続けています。

例えば、「東大の英作文は、例文丸暗記で攻略した」という学生がいました。

東大入試では毎年、「こういうことについて、あなたはどう思うか?」といった質問に英語で答える「自由英作文」の問題が出題されます。この学生は、どんな問題が出ても自由英作文では環境問題について書こうと決めて、本番に臨んだのです。「環境問題というテーマは、いろんなタイプの問題に使えて汎用性が高い。『あなたが今まで学んだことのなかで、一番重要だと思うことはなんだと思いますか?』という問題にも「環境問題です!」と答えられるし、『あなたが日本に新しい祝日をつくるとしたらどんな日にしますか?』という問題でも、「環境について考える日にします!」と答えられる。だから、環境問題について語る例文を丸暗記しておけば、確実に高得点を取れる」とのこと。

似たようなエピソードは、『ドラゴン桜』にも出てきますね。英語の川口洋先生は、基本英文100個の丸暗記で、水野と矢島に東大英作文を攻略させます。

いいかい……
この2日間
何も特別なことは
しないよ
基本例文100……
これを覚えるだけ
え…でも
ホントに
大丈夫？
東大の過去問が
ベースなんだろ
いくらなんでも
これだけじゃ…
心配はご無用…
この基本例文100は
英作文の万能選手
なんだ
『ドラゴン桜』4巻・32限目「英語の勝負!」

東大生から聞いた受験の裏技は、ほかにも「古文は苦手だったし、配点も低いので捨てた」とか、センター試験の直前に社会の選択科目を変えて得点を上げたとか、いろいろと豊富にあります。

私は頭が柔らかいつもりで、まだまだ固かったようです。東大生と接するうちに「勉強は真面目にやるもの」という思い込みに縛られていた自分に気づかされました。

極め付けに衝撃を受けた、こんなエピソードがあります。東大模試で1位になったことがあるという学生の話です。

彼は、センター試験の地理が大の苦手でした。なぜかというと、センター試験の地理には思考力が求められるからだそうです。例えば、さまざまな国のデータが並ぶなかから「アメリカのデータはどれか?」を問うような問題では、「アメリカは国土面積が大きいからこれだろう」とか「アメリカは移民が多いからこれだろう」といった具合に、論理的に答えを導き出すのが定石。けれど彼は、こういう思考法がどうしても苦手で、攻略できずにいたそうです。

そんな彼が何をしたのかというと、「データブック丸暗記」でした。「ごちゃごちゃと理屈で考えずに、とにかく『国土面積が広い国のベスト10』とか『小麦の生産量が多い国のベスト10』など、データを丸暗記しておけば、思考力を働かせなくても、センター試験の地理問題は解けるのではないか？」と仮説を立て、実行に移したのです。

その結果、センター試験の地理で満点を取ったのだそうです。

私からしたら、異常としか思えません。思考力を問うている問題を、暗記力で解くなんて邪道という気がするし、ほかの東大生から見ても異質な攻略法だったそうです、けれど、「東大に受かる」だけが目的と割り切れば、確かにそれもアリなのでしょう。

西岡くんの「過去問50年分」も、西岡くんの友達の「耳なし芳一」も同じです。攻略法そのものだけを見たら奇抜に思えますが、奇抜なことをやりたくて取った行動ではありません。自分の強みと弱みを分析したうえで、目標を達成するのに合理的と考えた行動を選んだだけです。合理的な思考の結果として、奇抜で反則に近いかもしれない技を発明したというわけで、頑張っているように見えて、頑張っていません。

桜木は「頑張らない」のが「東大合格のための第一歩」といいます。それと西岡くんの「過去問50年分」は、矛盾しないと私は考えています。

「頑張らない」
これが東大合格のための第一歩だ

『ドラゴン桜2』1巻・7限目「頑張らない」

なぜ東大生は、このように考えることができるのか？

それは、メタ認知の能力が高いからです。メタ認知とは、【PART2】でお話しした通り、「将棋の棋士になった感覚で自分の置かれた環境を俯瞰する」ことです。目標を立てた後、具体的な行動を取るときに、メタ認知が必要になるとご説明しました。

実はメタ認知の能力は、【PART3】でご紹介した、モチベーションの維持にも不可欠です。

少しおさらいしましょうか。

【PART2】は、目標を立てたら、その目標に対して、今の自分はどこに

いるのかを把握するという話でした。特に、他者との比較のなかで、自分を相対的に位置づけることが大事でした。そうすれば、自分が強化すべき科目がわかり、そのためにどんな手立てを講じればいいのかという見通しもついてきます。

第3章は、そうやって行動を起こした後、いかにモチベーションを保つか。マイナス思考に偏ってもいけないし、プラス思考ばかりでもいけないという話でした。今の自分の状況に応じて、プラスとマイナスを意識的に切り替えなければなりません。このとき「今の自分の状況」を把握するのに、メタ認知が必要になりますよね。

マラソン選手などのアスリートは、競技中、次の3ステップでメタ認知を働かせているそうです。

STEP1　プランニング「私はどこへ、なんのために走っているのか？」

STEP2　モニタリング「私の今の走力や走り方は、目標とする時間でゴールするのに適しているか？」

STEP3　コントロール「私が目標の時間でゴールするために今、何を変えればよいか？」（例えば、もっとアゴを引き、腕を大きく振る、など）

この本では、【PART1】でプランニング、【PART2】でモニタリング、【PART3】でコントロールという3ステップを取り上げました。

では、この【PART4】で取り上げる「戦略性」とは何かといえば、プランニングとモニタリング、コントロールをそのときどきに働かせながら、目標達成までのプロセスの全体像をとらえ、長期的な工程を組み立てることです。

ポイントは2つあって、1つは「オンタイム」であること。マラソンにたとえれば、プランニングもモニタリングもコントロールも、すべて走りながら働かせるわけで、「オンタイムのメタ認知」ともいえるでしょう。

もう1つのポイントは「長期的」であること。東大受験は「路上の喧嘩」といいましたが、普通の喧嘩と違って「長期戦」であり、「長期的な路上の喧嘩」です。だからこそ、短期的な戦術や戦法だけでなく、長期的な戦略が必要になってくるわけです。

長期戦において、自己分析に基づき、現状を正確に把握できれば、目標を達成する手段として「この努力は捨てる」という「勇気ある撤退」の決断も可能になりますし、もうちょっと粘ってみるという選択もできるでしょう。さらに本番から逆算して、どれくらい時間をかけて、どんなトレーニングや勉強を積み上げれば、コンディションのピー

クを本番に合わせられるかという「ピーキング」も可能になります
これは、スポーツの大会に向けてアスリートがやっていることと同じですよね。
しかし、東大生と接してきて私が受けた印象は、やはり東大受験とはスポーツではなくて路上の喧嘩、なのです。東大生の受験テクニックというのは、スポーツ以上に自由度が高い。ゲームのルールどころか、法律に触れなければ何でもありというくらいの大胆さで、勝ちを狙いにいきます。それを象徴するような『ドラゴン桜』のシーンがあるので、ご紹介しますね。槍投げと弓矢のたとえです。

桜木は一貫して、受験を突破するためのテクニックを考え続けています。これぞ戦略性です。テクニックだけで受験を勝ち抜くことはできませんが、最後の最後に、僅差の勝負を制するのに必要なのは、西岡くんのいう「必死さ」であり、それをテクニックと呼ぶのでしょう。このような戦略性こそ、結果を出すための最後のピースなのではないでしょうか。

では「最後の一歩」の戦略を、具体的にどう立てればいいのか？

ここからは西岡くんに任せたいと思います。

『ドラゴン桜』10巻・91限目「槍と弓矢」

槍を遠くまで
飛ばそうと
している
一方　弓矢では
弓という道具を
用いて
キリ
キリ
キリ

矢を遠くまで放つ
槍でも矢でも合格という的を狙うのは同じ
道具を使うか使わないのか
これは個人の好み価値観による
どんな思考法をしても受験では自由槍の人が弓矢の人を卑怯《ひきょう》という非難は当てはまらない

受験という戦場には誰もが自分に適した武器を持って集まっていいのだ
槍以外は武器じゃないとか思い込んではいけない
お前たちは弓矢を使って攻めると決めた
俺たちが補強するから矢の数の多さと強さは他の兵よりも優れるはずだきっちり使えば必ず勝てる

臆《おく》することなく合戦で天下一のテクニックの矢を放て!!
そして東大合格の的を射ろ!!

3

MINDSET

西岡壱誠

メタ認知から戦略を構築する3ステップ

STEP 1

「できること」と「できないこと」の境界線に立つ

みなさん、ちょっと考えてみてください。「自分にできること」と「自分にはできないこと」、どんなものがあると思いますか？

【PART1】で僕が東大を目指すきっかけになった、担任の先生の話をみなさんと共有しましたね。

「お前は、自分ができないやつだと思っているだろう。自分にできることなんて何もないと思っているだろう。自分でそういうふうに『ここまで』という線を決めて、そこから先にはいけないと思っているだろう」

「人間は、自分で線を決めて、多くの人はそのなかでしか行動しなくなる。『自分にできる範囲はこれくらいだ』と自分の領分を自分で決める」

「でもな、その線は幻想なんだよ。人間はなんでもできるし、どこにだっていける。『できない』と考えている、その心がブレーキになっているだけなんだよ」

僕は今でも、この「線の幻想」という考え方は非常に重要なものだと思っています。

確かに人間には、誰にでも「できないこと」があります。どう頑張っても手の届かないものもあるかもしれません。そしてきっと、それを理解することは重要なのだと思います。それは【PART2】でお話しした「現状分析」として有効なものだからです。

だからといって諦めるのは間違っているのではないかと思います。

「自分にできること」と「できないこと」の境界線の上に立って、あがいてみる。

そうやって境界線上であがくうちに、自分にできることの範囲が広がっていく。

こういうことって、よくあるのではないでしょうか。

確かに人間にはできないことはありますが、だからといって諦めているだけでは、自分にできることの幅は大きくはなりませんよね。自分にできることを増やすためには、できないとはわかっていても、何か今までとは違うことをしてみるとか、「境界線上のあがき」が必要なのではないでしょうか。

「ちょっと残し効果」

勉強も仕事も「取りかかる」のは大変です。桜木は、こんなアドバイスをしています。「1日に最後まで解くな」。例えば、数学が6問あったら、5問目まで解いて最後の1問は翌日に回す。翌朝は1問だけ解けば数学が終わるので、取りかかるときのハードルが低くて、その勢いで1日頑張れる。僕は「ちょっと残し効果」と呼んでいます。

僕らは「才能がない」といいがちです。

でも、人間には空を飛ぶ能力や才能はないけれど、空を飛んでいますよね。羽が生えていないわけだから、自分の力で空を飛ぶことはできないけれど、今、飛行機やヘリコプターの力を借りて空を飛ぶことができている。それは、いろんな先人たちが「空を飛べる／飛べない」という境界線の上であがいたからにほかならないと思います。

「才能がない」というだけで、「できない」ということにはならないんです。

STEP 2 「できないこと」を解決する仕組み・テクノロジーを探す

「できないこと」を諦めてはいけないとお話ししました。

ただし、精神論で解決してはいけません。

確かにガッツが必要なときもあるだろうし、努力することにも価値はありますが、あがき方にもいろいろあります。

そんな一つのあがき方として、『ドラゴン桜2』で提示されているのが「仕組み」であり、「テクノロジー」です。

『ドラゴン桜2』10巻・79限目「アップデート力」

を使ってできるようにするというわけです。

「モノに頼れ！」。『ドラゴン桜2』では、桜木がそういいます。テクノロジーの力を頼る。システムに頼り、モノに頼る。自力ではできないことでも、仕組みやテクノロジーを使ってできるようにするというわけです。

空を飛ぶとなると大きな話ですが、もっと身近なところで、朝起きるのが苦手な人は結構いると思います。けれど、朝起きるのが苦手だからって、遅刻しないで職場に行くのは「できないこと」でしょうか？　そんなことはないですよね。目覚まし時計を使ったり家族に頼ったりして、朝起きられるようにしているはずです。

自分一人では「できないこと」でも、道具を使ったり、誰かの手を借りたりして、「できる」ようにしていることなんて、僕らの生活にはザラにあるのです。

けれど、この手の問題を僕らはなぜか、精神論で解決したがります。

「自分はどうしてこんなにダメなんだ」

「もっとちゃんとしなきゃ」

「根性が足りない」

そうやって焦って空回りして、うまくいかない。そういう経験、みなさんもあるのではないですか？

ぶっちゃけてしまえば、僕は偏差値35のころ、そんなことばかりしていました。頑張って勉強しようとするのだけど、どうしても集中できなくて続かなくて、ついゲームをしちゃったり、スマホをいじっちゃったりして自分を責めて、全然うまくいきませんでした。

そんなあるとき、たまたま自宅の部屋を出て、予備校の自習室に行ってみたら、思いのほか勉強が続いたのです。あれほど「できない」と思っていたのに、自習室に行くだけでできるようになりました。周囲の人がみんな勉強している環境に身を置くことで、昨日まであんなに「できなかった」ことが、簡単に「できる」ようになったのです。

モノに頼る、仕組みに頼る。これって非常に重要ですね。

なぜなら、精神論では根本的な解決にならないから。

なかなか勉強のモチベーションが上がらないという人が、「モチベーションが上がる本」をたくさん読んだり、「モチベーションが高い人の話」を毎日、ＹｏｕＴｕｂｅで聞きまくったりしたとして、効果があるでしょうか?

少しはあるかもしれませんが、根本的な解決にはならないと思います。そういう本や動画には、精神論が多いからです。それよりは一度、試しに自習室にでも行ってみたほ

うが抜本的な解決につながりやすいと思います。なぜなら「自習室に行く」という解決方法は、精神論ではありません。仕組みを使っているからです。

何をやっても三日坊主になってしまう人は、いくらガッツを入れて勉強しても三日坊主になると思います。それよりは一緒に勉強する友達をつくったり、アプリを使ったり、塾に通ったり、仕組みで解決したほうが効果的です。

「自分で自分を変えようとする」のではなく、「自分を変えるために、システムに頼る」。このほうが建設的ですよね。

東大生は、遠慮なくモノに頼ります。どんどん新しいスマホアプリをインストールして、同じ作業でも、より楽にできないか、より効率的にできないかを模索します。『ドラゴン桜2』で桜木がいう通り、「アップデート力」が凄いのです。

今の時代、頼ったら効果的なモノはたくさん存在します。スマホアプリは日進月歩です。経費精算をやってくれるアプリ、名刺情報をデータ化してくれるアプリ、声を録音しておけば文字起こしをしてくれるアプリ、写真で計算式を撮ると自動計算してくれるアプリ、「こんなのあるかな」と思って検索すれば、だいたいあります。『ドラゴン桜2』では、「みんチャレ」が「三日坊主防止アプリ」として紹介されていましたね。

『ドラゴン桜2』10巻・78限目「歯を磨くように」

『ドラゴン桜2』10巻・79限目「アップデート力」

すべての成果は日常生活の延長線上にある

「合格は日常生活の延長線上にある」と桜木は語っています。家族一緒に朝ごはんを食べるとか、部屋を片づけておくといったことが、東大合格には不可欠であると。「非日常の努力」は継続しない、ということです。どんな分野でも継続的な努力とは、日常生活のリズムのなかで丁寧に積み上げていくことが、高い成果につながるのですね。

それはアップデート力だ！
アップデート力？

世の中の新しい仕組みを鯨のごとく丸呑《の》みしていく！
これが東大生だ！

僕が最近、受験生にお薦めしているのは「Monoxer（モノグサ）」というアプリで、「現代のアンキパン」と呼べるようなものです。暗記したい英単語などを入力すると、AIが何パターンもの問題を自動作成してくれます。その問題を解いていくと、解いている人の記憶の定着度合いを判断し、その後の出題の難易度を調整してくれます。暗記に一番適しているのは、問題を解くという行為なので、暗記ものの攻略の効率が上がります。なおかつ、「〇日で覚えたい」というスケジュールを入力すればそれに合わせた出題をしてくれるので、学習計画を立てなくても、ただ問題を解きまくっているだけで、試験日までに必要な勉強が終わります。

ネット検索だって、使い方次第です。僕らが人知れず深く悩んでいることは大抵、ネット検索してみると、同じ悩みを打ち明けている人がいて、それに対する回答もいろんなところに落ちています。その悩みを解決するサービスがたくさんつくられていることもわかります。玉石混交かもしれませんが、今の時代は本当に素晴らしいサービスもあって、「今までの苦労はなんだったんだ！」と叫びたくなることもあります。

早瀬《はやせ》！
天野《あまの》！
東大に合格して
東大生になりたかったら
このアップデート力を
身につけろ！
新しいモノ
面白そうなモノは
どんどん取り込め！
なんでも試してみる
癖をつけろ！

『ドラゴン桜2』10巻・79限目「アップデート力」

STEP 3

「今の自分」に適した仕組み・テクノロジーを特定する

だからといって、僕は「モノに頼りさえすればいい」といいたいわけではありません。「できる」と「できない」の境界線をしっかり見極めて、あがきたいポイントで、適切なモノを適切なタイミングで投入しようと提案したいのです。

最初からモノに頼ってしまっては、モノのありがたみはわかりません。一度は自分で苦労して、「ああ、これを自分一人でやるのは大変だな」と感じたから、モノに頼るわけです。逆にいうと、そう感じる前にモノに頼ってしまうのはあまりよくないかもしれません。モノに頼る理由がわからなければ、頼り方もわからないし、間違った使い方をしてしまうかもしれません。

今は、月額1980円で「スタディアプリ」の勉強動画が見放題になりますし、YouTubeには無料の勉強動画があふれています。それらをフル活用すれば、東大合格に必要な知識を効果的にゲットできます。が、「フル活用する方法」というのは、誰が活用するかによって違うので、自己分析して自分で探すしかありません。

スマホがあれば勉強できるからといって、勉強のノウハウを知らない小さな子にスマホを与えても、学力アップは望めないし、かえって勉強の邪魔になりそうですよね。

この章で紹介する「モノに頼るテクニック」は、あくまで【PART1】でつくった目標と、【PART2】の自己分析、そして【PART3】のモチベーション維持のノウハウがあって、はじめて意味があることです。このステップを踏まないと、むしろ逆効果になるリスクもあります。

4

MINDSET

西岡壱誠

テクノロジーを活用するための3つのテクニック

どうしても「できないこと」は、テクノロジーや仕組みで解決しよう！　これが、僕の戦略性についての主張でした。ここでは、これまでの章で学んだ内容を踏まえて、戦略性を高めるテクノロジーの使い方について、3つのテクニックをご紹介します。

テクニック 1

「起きたら困ることリスト」をつくる

テクノロジーやシステムを上手に使うコツとして、僕がお薦めしたいのは「恐れる」ことです。

受験やプレゼンなら「本番当日に、頭が真っ白になってしまうかもしれない」だとか、新商品の開発なら「1個も売れなかったらどうしよう」だとか、最悪の事態を想像して、思いっきり怖がって、思い悩んでみましょう。

こんなことをいうと、意外に思われる人もいるかもしれません。恐れたり、怖がったりするなんてネガティブなことをして大丈夫なのかと。

しかし、これも【PART3】でお話しした「リフレーミング」です。リフレーミングという観点で捉えると、恐れることにはすごくプラスの側面があります。

「恐れ」には2種類あって、「プラスの恐れ」と「マイナスの恐れ」です。

「マイナスの恐れ」というのは、怖くて行動できなくなるタイプの恐れです。

「本番当日に、頭が真っ白になったらどうしよう」「新商品が売れなかったらどうしよ

う」と思い悩んだとき、足がすくんで動けなくなるような恐れは、もちろんよくありません。行動できなければ、成功の可能性は下がるばかりです。

しかし、「頭が真っ白になったらどうしよう」と思うからこそ、頭が真っ白にならない方法を考えて、行動するというタイプの恐れもあります。

それが「プラスの恐れ」です。

2浪したときの僕は、次の受験で失敗するのが怖くて、過去問50年分を解きました。「プラスの恐れ」を持つ人は、まったく恐れを感じない人よりも成功しやすいです。失敗を恐れるからこそ、失敗の要因を極限まで減らそうと考え、行動するからです。

「勝者の言い訳」と似ていますね。失敗したときに、次に失敗しないために何をしたらいいかを考えるのが「勝者の言い訳」。失敗が怖くなったときに、現実に失敗しないために何をしたらいいかを考えるのが「プラスの恐れ」です。

「真面目にコツコツ努力していれば必ず報われる」と考える人は、実は恐れを感じていません。「この努力は報われないかもしれない」とか「この頑張りは無駄になるかもしれない」という発想がないからです。努力が報われない可能性を想像して恐れる人は、努力の方向性が間違っていないかを検証したり、もっといい努力の仕方を探したりします。その結果、出てくる戦略が受験科目を変えるといった大胆な決断だったり、「過去問50年分」といったちょっと異常な努力だったりします。怖さがあるから、一歩先に進めるのです。

中山先生から、東大生は反則すれすれでも勝ちを狙いにいくといった指摘がありましたが、その戦略性は「プラスの恐れ」に裏打ちされています。

僕が現役で東大受験したとき、そして1浪で東大受験したとき、どちらのときも「自分は受かるんじゃないか」と、漠然と考えていました。「こんなに頑張ったのだから、ミラクルが起きてもいいよね」と。

でも、現実にはミラクルは起きません。普通の努力では足りなくて、普通に落ちてしまいました。

2浪したときは、試験当日がすごく怖かったです。「これだけ勉強したのに、落ちたらどうしよう」と思いました。現役や1浪の時と違って、落ちるイメージばかりが頭に浮かぶのです。苦手な問題が出たとか、それで頭が真っ白になるとか、試験当日に寝坊したとか……。でも、失敗の要因ばかりが思い浮かぶから、そうならないように必死に

考えて、失敗の要因を潰しました。だから合格できたと思います。

テクノロジーを頼るときも、恐れと向き合うことから始めると、何にどう頼るべきかが見えやすくなります。

そこで試していただきたいことがあります。「起きたら困ることリスト」をつくって、対策を立てる、ということです。具体的には、次の3ステップです。

STEP1　この先1カ月の予定のなかで「成功させたい」と思うことを1つ考える

例：大事なプレゼンがあるので、成功させたい。

STEP2　それが失敗するとしたら、どんな原因が考えられるか、5個以上挙げる

例：大事なプレゼンが失敗する。

原因1．パソコンの接続の不備で、プレゼン資料がうまく投影されない。

原因2．プレゼン資料の内容に不備が見つかり、頭が真っ白になってしまう。

原因3．緊張して、しゃべれなくなってしまう。

原因4．会場が盛り上がらなくて、焦ってしまう。

原因5．話す内容が頭から飛んでしまう。

STEP3 「STEP2」で考えたことを回避するために、事前にできる対策を考える。できるだけ、モノや他人に頼るような対策にする

例：大事なプレゼンが失敗する。

対策1．本番当日は、30分前に会場入りして、リハーサルをする。本番の数日前に投影の確認ができないか、会場に問い合わせる。

対策2．プレゼン資料の内容を上司と同僚にチェックしてもらう。

対策3．家族の前でプレゼンの練習をする。

対策4．プレゼンの練習を録画して、友達からフィードバックをもらう。

対策5．一人カラオケで、プレゼンを繰り返し練習する。


いい対策が考えられたら、【PART2】でつくった「ToDoリスト」に加えて、「Doing」と「Done」のリストで進捗管理するのがお薦めです。

テクニック2

自分の頭を使う前に「ネット検索」してみる

さて、先ほどの「起きたら困ることリスト」の「STEP3」を補足します。対策を考えるときのコツとテクニックです。それは……

「自分の頭で考えない」

です。

「自分の頭で考える」というのは、ある種の精神論なのですよね。

失敗を潰す対策を考えていて、なかなか思いつかない。そういうとき、「どうして自分は思いつかないんだ?」という方向に進んでしまうと「やっぱり自分には才能がない」という話になってしまいます。これは「敗者の言い訳」です。

才能がなくてもいいのです。自分で思いつかなければ、教えてもらえばいいのです。

自分で考えない。ほかの人のやり方を知る。

これこそが、僕たちに必要な戦略性の第一歩です。

『ドラゴン桜』12巻・108限目「面倒くさい」

『ドラゴン桜』では、桜木がこんな言葉で説明しています。

「自分で考えてるということは何も考えてないということなんだよ」

まさにその通りで、「考える」という行為においては、自分の頭を使うより、他人のアイデアや先人の知恵を探すほうがうまくいく場合があります。その可能性を考えないで、いいアイデアなど出てくるはずがないのです。

例えば、みなさんが数学の問題集を解いていたとして、どうしてもわからない問題が出てきたとき、どうしますか？　自分で考えて、答えが出るまで粘りますか？

おそらく、どこかの時点で諦めて解答を見るのではないでしょうか。

当然です。どうしてもわからない問題にいつまでも時間をかけるくらいなら、解法を見て学んだほうが手っ取り早く、学力もつくと思います。

ですが、ちょっと条件を変えると、これが「当然」でなくなります。

例えば、新商品のアイデアを出すとき、どうしても思いつかなかったらどうするでしょうか。「うーん」とうなりながら、自分で考えようと粘るのではないでしょうか。

あるいはもう諦めて放っておく、という人も一定数いるでしょう。いつまで考えても答えが出ない問題を考え続けても無駄、というわけです。

そして、その通りなのです。その考えは正しくて、自分一人で考えても答えが出ないことなんていくらでもあります。

けれど、だからといって諦めなくていいですよね。解法があるなら、見ればいいのです。そして新商品の開発にも、解法めいたものはあると思います。

ネット検索で「新商品の開発の仕方」を調べてみれば、たくさんのアプローチが見つかります。アイデアの達人が書いたいい本も見つかるでしょう。そのなかから「自分と似た課題に、優れた答えを出した人」を探せばいいのです。

人間の悩みなど、それほど多くの種類があるわけではありません。大抵の悩みは、自分が考えるより前に、たくさんの人が悩んでいて、いい答えを出している人がいます。そこを調べて、解答を見ちゃったほうが効率的です。

この点、人間って不思議なもので、数学の「問題」なら解答を見ることに抵抗を感じないのに、プライベートや仕事の「問題」になると、「自分で解決しなきゃ！」となって、他人に解答を尋ねるのが何か悪いことのように思ってしまいがちです。

「ビュリダンのロバ」になるな

僕が「リアルドラゴン桜」というプロジェクトで、高校生によくする話です。「賢いロバの目の前に分かれ道があり、どちらに進んでも美味しい干し草がたっぷりあります。ロバはどちらを選ぶでしょうか？」。実は、ロバは餓死します。ロバは賢いがゆえに、どちらも選べないのです。賢くても決断できなければ、何もつかめません。

だから…東大合格者が真面目な勉強好きだと思うのは大間違い…

彼らは究極の面倒臭がりの楽《らく》したがり…実は受験勉強も面倒臭くてしたくない
でも大学には入りたいからつまらない受験勉強をいかに手を抜いて楽《らく》して突破するかを考える…

そこで…考えてどうするんだっけ?

あ…


『ドラゴン桜』12巻・108限目「面倒くさい」

もとからある優れたものを利用する…そのために調べる
いいか悪いかの判断はどうすんのよ
昔からずっと生き残っているもの…それは優れたものに違いない…
そう信じてあとは何の疑いも持たない
なにそれ…
それをもとに型を作りできた型に課題を次々とあてはめて処理していく…
そして数をこなしていくうちに自分に合ったやり方…オリジナルへと進化させていく

こうやって…
〝自分流のルール〟を作っていくんだ
それなのにお前らは自分自身の頭で考えるといって何の型もないところからスタートしようとする
だから全然先に進まずに時間だけ無駄に喰《く》って いつまでも形が見えてこない
結局のところ……

自分で考えてる…
ということは
何も考えてない…
ということなんだよ

ここでまた、試してみていただきたいことがあります。やはり3ステップです。

STEP1　「成功させたいこと」が「失敗する原因」を、先ほど5つ考えました。この中から、特に大事だと思うものを一つ選んでください

例：プレゼン資料の内容に不備が見つかり、頭が真っ白になってしまう。

STEP2　その対策をネット検索で調べて、使えそうなものを探してください

例：「プレゼン資料の不備」でネット検索したら、「伝わるプレゼン資料 作成のポイント」というチェックリストが出てきた。

STEP3　ネット検索で出てきた対策と、先ほど自分で考えた対策を比べて、より効果的な対策を考えて、「ToDoリスト」に入れてください

例：自分で考えた対策は「プレゼン資料の内容を上司と同僚にチェックしてもらう」。上司と同僚にプレゼン資料を見てもらうというアイデア自体はいいが、その際、チェックリストを一緒に渡すと、より効果的かもしれない。

問題があって解決策を考えるときは、とりあえずネット検索してみたほうがいいと思います。「こんなことがネットにあるのかな?」というような情報でも、意外にネットに落ちているもので、ネット検索をしないよりはずっとアイデアの幅が広がるはずです。ネット検索しているうちに、良書にも出会えます。

悩みというのは実のところ、悩みを言葉にできて口にした時点で、半分は解決しているようなものです。例えば、入試直前に選択科目を変えるのも、変えるという決断よりもむしろ、「この科目はどう頑張っても成績が上がらない」という悩みを直視することのほうが難しくて、大事です。

今できなくて困っていることを口に出して、それがどういう種類の悩みなのかをしっかりと調べてみる。それだけで大きな前進です。そこからネット検索をしたりリサーチを深めることが、「できること」と「できないこと」の「境界線上であがく」という行為であるわけです。

できないことを直視して、自覚する。

できないことについて調べてみる。

できないことの解決策を、自分の頭で考えない。

そうして出てきた解決策は、いったん、そのまま受け入れてみましょう。自分の頭で考えずに、とりあえずやってみる。【PART2】でもお話ししましたが、「素直が一番」です。その「解答」が、例えば「過去問を50年分、解きました」でも、自分と同じ課題に直面した人が成功した方法ならば、真似をしてみる価値はあります。

桜木は「型」の話を繰り返します。独りよがりにならずに型通りにやれと。正しい努力というのはシンプルで「すごい人の真似」が一番です。これなら正直、どんなに才能がない人でも、やる気さえあればできるはずです。「まなぶ」という言葉は、「まねぶ（＝真似をする）」から派生したという説があるくらいで、真似とは成長の本質です。

個性を否定するわけではありません。ただ自己流にアレンジするのは、真似した後のほうがいいということです。しつこいようですが、自分一人で考えることには限界があって、しょせんどれも誰かが過去に考えたことばかりなのです。

テクニック3 とりあえず「口角を上げる」

『ドラゴン桜2』に、印象的なシーンがありました。

『ドラゴン桜2』2巻・15限目「完全な失敗」

ウッハハハハ
ナッハハハハハハ
ハハハハハ
ハハハハ
アッハハハハ

そうだ
それでいい
他人に損害を与えない失敗なら責任は自分一人だ
やっちゃったもんはしようがない笑って済ませて次へ行く
大事なことは次をどうするかだ
はい

「失敗した時は笑えっ！」

テストで大失敗した天野に桜木がこういって、二人はひきつった顔で笑い続けます。ちょっとシュールなシーンです。

でも実は、これってすごく重要なシステムなんじゃないかと僕は思っています。

受験生時代、僕はたびたびピンチに見舞われました。入学試験で1問、どうしても解けない問題が出てきてつっかかり、ほかの問題を解く時間がなくなってしまったとき。日々の勉強のなかで、どうしても受験当日までに仕上がらなさそうな科目が出てきて、絶望感に襲われたとき。こういうふうにマイナスの感情が強くなったときには、プラスの感情に切り替えないといけません。

失敗を失敗として捉えたままではいけないので、次の成功につなげるために原因を探り、対策を打つ。そうやって「勝者の言い訳」を考えるというテクニックを、【PART3】で紹介しました。

しかし、そういう状況で「失敗ときちんと向き合う」のはなかなか難しいんですよね。逆に、そのピンチを楽しむくらいの気持ちになれたら強いと思います。「背水の陣」という言葉がありますが、追い込まれている状況だからこそ、深刻になってはダメです。真剣であるべきですが、深刻になってはダメです。
だから、桜木は「笑えっ！」というんです。

これは精神論ではありません。僕が今からお話ししたいのは、「性格を変えよう！」とか「心の持ち方を変えよう！」といった抽象的な話ではないのです。物理的で身体的な「システム」の話です。

みなさん、「失敗したな」「ピンチだな」と思ったら、まず口角を上げてください。笑顔をつくります。テストで時間が足りなくなったとき、納期に間に合いそうにないとき、クライアントからお怒りのメールが届いたとき、まずは口角を上げる習慣を身につけるといいと思います。

「それで何が変わるのか」と思われるかもしれませんが、大いに変わります。

これは東大の心理学の授業で習ったのですが、人間というのは「笑う」から笑顔になるのではなく、「笑顔」だから「笑う」という側面があるそうです。例えば、ペンを横にして前歯で噛み、口角を引き上げた状態で漫画を読むのと、縦にしたペンをくわえて漫画を読むのとで比較すると、同じ漫画でもなぜか口角が上がっているほうが、面白く

「ネクストアクション」を決めておく

「失敗したときは、笑え」と天野に教えたとき、桜木はこうもいっています。「大事なことは次をどうするかだ」。失敗を笑い飛ばして「次に行く」。これはすごく大事な視点で、「次の行動」をすぐ取れれば、ミスを挽回することもできれば、ライバルとの差を広げることもできます。常に「ネクストアクション」を考え、決めておきましょう。

『ドラゴン桜2』2巻・8限目「水野の使命」

感じるという研究結果があるそうです。

嘘でもいいから、形だけでも「笑顔になる」。

これだけで、ピンチや失敗を楽しめる気持ちが生まれます。

さて、先ほど中山先生が、桜木の「頑張らない」というセリフを引用していましたね。「頑張らない」ようにすることが、東大合格の第一歩なのだと。

でも「本当かな？」と、思いませんか？　実際、猛勉強して東大に合格した水野は、桜木に反論し

ます。その反論に、桜木はどう答えたかというと……。

「俺が頑張るなと言ったからって…あの二人は本当に頑張らないと思うか？」

　そうですよね。「頑張らない」つもりでも、僕らはわりと頑張ってしまうものです。けれど、頑張り方が間違っていると、疲弊するだけで結果が出ません。だから、今の努力が目標とする方向に向かっているのか、最短ルートを選べているのかを確かめる必要があります。それが「頑張らない」という言葉で、桜木が伝えたかった

いや…
それは
そうだろう
……
あの二人は
頑張るよ
早瀬と天野は
頑張る
誰に何を言われようが
結局子供たちは
頑張るんだ

『ドラゴン桜2』2巻・8限目「水野の使命」

ことなのです。

桜木は、水野にこういいます。

「一定の学習経験のある者はスタートで闇雲に学習量を追い求めてしまう」

「それでは必ず途中で破綻し失敗する」

「最も大事なことは二人に合理性と機能性を理解させ正しく頑張らせること！」

つまり、戦略性です。僕らの頑張りたい気持ちをきちんと結果につなげるのが戦略性で、そのためには逆説的かもしれませんが、「頑張らない」と自分に言い聞かせることが有効なのです。

INTERVIEW
社会人インタビュー

結果が出ない理由は2つしかない

――卒業生インタビューの最後のテーマは「戦略性」です。

引き続き、ベストセラー『子育てベスト100』（ダイヤモンド社）の著者で、フリーランスとして取材、執筆活動を続けている加藤紀子さん、営業のプロである高橋浩一さん（TORiX代表取締役）、経営者の高田旭人さん（ジャパネットホールディングス代表取締役社長兼CEO）の3人に、お話をうかがっていきます。

東大受験は、ほかの大学以上に戦略性が求められる気がします。

加藤　何といっても、**科目数が多いから。**文系でも、センター試験で理科を受験しなければならないし、2次試験の社会は2科目。それらすべてで、わりとオールラウンドに高得点しないといけない。計画的に勉強する必要があります。

――メタ認知の話にも通じますが、自分の得意、不得意を認識して、不得意なものは

フリーランス

加藤紀子（かとう・のりこ）

東京大学経済学部卒業。国際電信電話（現KDDI）を経て、渡米。帰国後は中学受験、子どものメンタル、子どもの英語教育、国際バカロレア等、教育分野を中心にさまざまなメディアで取材、執筆を続ける。一男一女の母。2020年『子育てベスト100』（ダイヤモンド社）を上梓、16万部突破のベストセラーになる。

潰していく感覚ですよね。

加藤　私の場合、英語だけは好きで得意だったのですが、東大の受験生には英語が得意な人が多いので、それだけでは比較優位には立てません。そこでわりと時間を割いて、戦略的に底上げしたのが数学でした。

――高田社長は現役のとき、数学と物理で得点を稼ぎ、ほかの科目は逃げ切る、という戦略だったのですよね。

高田　そうです。ネックになったのがセンター試験の社会で、最初は世界史にするつもりでしたが、どうしても覚えられないので、途中で地理に変えました。ところが、現役**の受験直前の12月、まったく勉強していない「倫理、政治・経済」の過去問を試しに解いてみたら、ずっと勉強してきた地理よりもいい点が取れた**ので、そこからまた科目を変えました。

センター試験の古文は浪人時代、勉強しませんでした。勉強してもなかなか点が取れ

営業
高橋浩一（たかはし・こういち）
東京大学経済学部卒業。外資系戦略コンサルティング会社を経て25歳で起業、企業研修のアルー株式会社へ創業参画。2011年にTORiX株式会社を設立し、代表に就任。上場企業を中心に営業強化を支援。自らがプレゼンしたコンペで8年無敗。著書に『無敗営業』（日経BP）『なぜか声がかかる人の習慣』（日本経済新聞出版）など。

ないし、800点満点のセンター試験で、古文の配点は50点で、比較的低いともいえる。東大に受かるのに必要なのは700点くらいなので、捨てていいかの判断は難しいところですが、勉強しなくても直感で正解が出せる問題もあったので、その範囲で勝負するのにとどめて、その分、ほかの科目を頑張ることにしました。ほかの人にはあまりお薦めできませんが、仕事でも勉強でも、できないことを必ずできるようにする必要はなくて、できないことはできないと割り切る発想も大事です。「できることを伸ばしてカバーする」という戦略も選べたほうがいい。

――高橋さんは、友達と一緒に勉強するとか、周囲をうまく巻き込む印象があります。

高橋 困ったときは人に助けてもらえていたということは、振り返ってみるとありますね。大学の受験勉強で問題を解いていて、自分の解答に自信が持てなかったときは、高校受験でお世話になった先生に頭を下げて「添削してください!」とお願いしました。僕の人生観として「自分一人では何もできない」というのは強くて、**困ったら人に頼る**ほうです。

経営

髙田旭人(たかた・あきと)

株式会社ジャパネットホールディングス代表取締役社長兼CEO。東京大学教養学部卒業。大手証券会社を経て、2004年、父・髙田明氏が経営するジャパネットたかたの社長室長に着任。コールセンターや物流センターの責任者を務めた。12年7月から副社長。15年1月、社長に就任。社長就任7年目で、過去最高売上高更新中。

――人見知りとうかがっていたので意外です。

高橋　追い込まれて、それしかなかったら、やりますよね。先生にお願いするのは勇気が要りましたが、**追い込まれたら嫌でもやる。**そこは今も似たようなところがあります。

高田　受験は理不尽なものだと思います。みんなが合格したいと思って勉強するけれど、不合格になる人も必ずいるわけで。社会に出てからも理不尽なことはたくさんあるので、**理不尽なことを乗り越える訓練として、受験を捉えてみたらいい**と思います。結果が出ないかもしれなくても努力する訓練、近道を探す訓練、がむしゃらに走りすぎない訓練、合理的に走る訓練。がむしゃらに走ってつらくなってしまうと、結果が出ないときに「なんでこんなに頑張っているのに」となってしまって、健康にも悪いです。だから、**できるだけ近道を選んだほうがいいし、走るプロセスを楽しめるように工夫したほうがいい。**そこに早く気づけるほど、幸せになれるし、気づくのに必要なのは戦略性ではないかと思います。

加藤 東大受験で得たものとして一番大事だと私が思うのは、**「コツコツと継続するといいことがあるかも」と思えること。「積分の発想」**というか。

――なるほど積分。「積分の発想」という言葉は、僕にはすごく刺さります。

加藤 これも学者だった父に教わったのです。「人生は何事も積分だから、やっておいて無駄になることは一つもないのだよ」と。すべての経験は自分のなかに蓄えられていて、いつか役立つという。

子育てに専念していた時期もありましたが、その間も、起業した友達を手伝うとか、どこかで社会と接点を持ち続けるようにはしていました。それは「ずっと社会と接点を持って、勉強を続けていれば、**いつかチャンスが来たとき、自分には何かができるはず」という自己効力感**があったから。その根拠は何かといえば、一つには受験の成功体験です。自己効力感には根拠が必要ですが、その根拠は自分でつくるしかないんですよね。

高田　東大生であったことを看板にはしないし、看板にするのは格好悪いと思うけれど、事実として受かったという自信は内面にあって、そのあたりのバランスは大事にしようと思っています。資格試験などもそうです。資格があるだけで**自慢するのは違うけれど、自負はあっていい。**そういう自己効力感は大事だと考えています。

僕には「理屈を積み上げて、戦略としてやりきったら達成できる」という自己効力感があります。**結果が出ていないとしたら、戦略が悪いか、やりきっていないかのどちらかで、**こう考えられるのは、**勉強と経営の共通点**です。アートとかの世界では、そうはいかない。頑張ったことが報われやすいのが、勉強と仕事だと思います。

高橋　僕は、「頑張ればなんとかなる」だけで、部活も受験も乗り切ったので、仕事でプレイヤーからマネジメントする側に立場が変わったときは、ちょっと難しかったです。**「頑張ればなんとかなる」という人生観を持つと、「頑張っていないように見える」人を、厳しく見てしまう。**それはチームで働くうえでマイナスですよね。

――ああ、なるほど。僕も今は会社を経営しているので、すごくわかりますし、反省します。社会に出てからも勉強は続きますね。

高橋 そう、勉強も営業も生きることそのものだから。

――最後にいい言葉をいただきました。ありがとうございました。

西岡 壱誠 にしおか・いっせい
現役東大生

1996年生まれ。偏差値35から東大を目指すも、2年連続不合格。3年目に勉強法を見直し、偏差値70、東大模試で全国4位になり、2浪で東大合格を果たす。

東大入学後、人気漫画『ドラゴン桜2』（講談社）に情報提供を行う「ドラゴン桜2 東大生プロジェクトチーム『東龍門』」のプロジェクトリーダーを務め、ドラマ日曜劇場「ドラゴン桜」の脚本監修を担当。2020年に株式会社カルペ・ディエム (https://carpe-di-em.jp/) を設立、代表に就任。偏差値35から東大合格を果たしたノウハウを全国の学生や学校の教師たちに伝えるため、全国6つの高校で「リアルドラゴン桜プロジェクト」を実施、高校生に思考法・勉強法を教えているほか、教師に指導法のコンサルティングを行っている。

『「読む力」と「地頭力」がいっきに身につく 東大読書』（東洋経済新報社）など著書多数。

中山 芳一 なかやま・よしかず
岡山大学全学教育・学生支援機構 准教授

1976年生まれ。大学生のためのキャリア教育とともに、幼児から小中学生、高校生たちまで、各世代の子どもたちの非認知能力を高める活動に取り組んでいる。社会人を対象としたリカレント教育、全国各地の産学官民の諸機関と協働した教育プログラム開発にも多数関与。9年間没頭した学童保育現場での実践経験から「実践ありきの研究」をモットーにしている。専門は教育方法学。著書に『学力テストで測れない非認知能力が子どもを伸ばす』（東京書籍）など。

東大メンタル
「ドラゴン桜」に学ぶ やりたくないことでも結果を出す技術

2021年05月17日　初版第1刷発行
2021年06月10日　初版第3刷発行

著者　西岡壱誠　中山芳一
漫画　三田紀房（『ドラゴン桜』『ドラゴン桜2』）
企画・編集協力　コルク（佐渡島庸平、中村元、岡本真帆、有森愛、井上皓介）
発行者　伊藤暢人
発行　日経BP
発売　日経BPマーケティング
〒105-8308　東京都港区虎ノ門4-3-12

装丁　小口翔平＋奈良岡菜摘（tobufune）
本文デザイン　ビーワークス（廣谷汐）
本文DTP　ビーワークス（川村茉由）
校閲　円水社
編集　小野田鶴
編集協力　隅田 一

印刷・製本　大日本印刷

本書籍に関するお問い合わせ、ご連絡は下記にて承ります。
https://nkbp.jp/booksQA

Printed in Japan　ISBN978-4-296-10933-3